Sachkunde im Bewachungsgewerbe (IHK) – Übungsbuch

Robert Schwarz

Sachkunde im Bewachungsgewerbe (IHK) – Übungsbuch

250 Fragen mit Antworten und 10 Übungsfälle mit Lösungen

5., überarbeitete und aktualisierte Auflage

Robert Schwarz
Berlin, Deutschland

ISBN 978-3-658-38143-1   ISBN 978-3-658-38144-8   (eBook)
https://doi.org/10.1007/978-3-658-38144-8

Die Deutsche Nationalbibliothek verzeichnet diese Publikation in der Deutschen Nationalbiblio-
grafie; detaillierte bibliografische Daten sind im Internet über http://dnb.d-nb.de abrufbar.

Planung/Lektorat: Irene Buttkus
Springer Gabler ist ein Imprint der eingetragenen Gesellschaft Springer Fachmedien Wiesbaden
GmbH und ist ein Teil von Springer Nature.
Die Anschrift der Gesellschaft ist: Abraham-Lincoln-Str. 46, 65189 Wiesbaden, Germany

Vorwort

Das vorliegende Übungsbuch ist als Ergänzung zum Lehrbuch Sachkunde im Bewachungsgewerbe IHK erschienen und soll eine gezielte Wiederholung der wichtigsten Lerninhalte ermöglichen.

Analog zum Lehrbuch ist die Gliederung an den derzeit gültigen Rahmenstoffplan angelehnt und ermöglicht so Schritt für Schritt die Vorbereitung auf die schriftliche und mündliche Prüfung vor der Industrie- und Handelskammer.

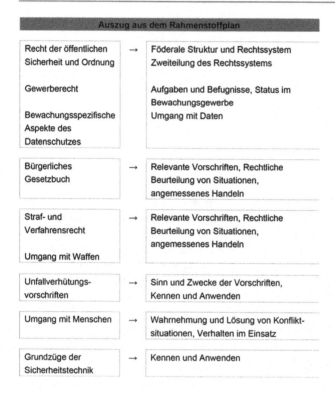

Auszug aus dem Rahmenstoffplan

Recht der öffentlichen Sicherheit und Ordnung	→	Föderale Struktur und Rechtssystem Zweiteilung des Rechtssystems
Gewerberecht Bewachungsspezifische Aspekte des Datenschutzes		Aufgaben und Befugnisse, Status im Bewachungsgewerbe Umgang mit Daten
Bürgerliches Gesetzbuch	→	Relevante Vorschriften, Rechtliche Beurteilung von Situationen, angemessenes Handeln
Straf- und Verfahrensrecht Umgang mit Waffen	→	Relevante Vorschriften, Rechtliche Beurteilung von Situationen, angemessenes Handeln
Unfallverhütungs- vorschriften	→	Sinn und Zwecke der Vorschriften, Kennen und Anwenden
Umgang mit Menschen	→	Wahrnehmung und Lösung von Konflikt- situationen, Verhalten im Einsatz
Grundzüge der Sicherheitstechnik	→	Kennen und Anwenden

Die **Prüfung** vor der IHK gliedert sich in zwei Teile, den schriftlichen und den mündlichen Teil.

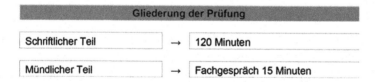

Gliederung der Prüfung

Schriftlicher Teil	→	120 Minuten
Mündlicher Teil	→	Fachgespräch 15 Minuten

Es ist empfehlenswert, beim Durcharbeiten der Fragen und Fälle die einschlä-gigen Gesetze und Verordnungen jeweils noch einmal vollständig zu lesen, um den Lernerfolg zu erhöhen.

Wegen der besseren Lesbarkeit wurde jeweils auf die Verwendung der weiblichen und männlichen Form verzichtet, wo dies zutrifft, sind aber stets beide Geschlechter sowie Diverse gemeint.

Viel Erfolg!

Berlin, Deutschland   Ihr
Sommer 2022   Robert Schwarz

Inhaltsverzeichnis

Abkürzungsverzeichnis

Abs.	Absatz
ArbSchG	Arbeitsschutzgesetz
Art.	Artikel
BewachV	Verordnung über das Bewachungsgewerbe
BGB	Bürgerliches Gesetzbuch
BGV	Berufsgenossenschaftliche Vorschriften
BMA	Brandmeldeanlage
DGUV	Deutsche gesetzliche Unfallversicherung
DIN	Deutsches Institut für Normung
DSGVO	Datenschutz-Grundverordnung
EMA	Einbruchmeldeanlage
EN	Europäische Norm
GewO	Gewerbeordnung
GG	Grundgesetz
GMA	Gefahrenmeldeanlage
GS	Gruppenschlüssel
HGS	Hauptgruppenschlüssel
HS	Hauptschlüssel
Nr.	Nummer
NSL	Notruf- und Serviceleitstelle
OwiG	Gesetz über Ordnungswidrigkeiten
SGB	Sozialgesetzbuch
StGB	Strafgesetzbuch
StPO	Strafprozessordnung
ÜMA	Überfallmeldeanlage
WaffG	Waffengesetz

WK   Widerstandsklasse
ZA   Zentralschlossanlage
Z. B.   Zum Beispiel
ZPO   Zivilprozessordnung

Recht der öffentlichen Sicherheit und Ordnung

1. Was bedeutet öffentliche Sicherheit und Ordnung?
Öffentliche Sicherheit und Ordnung bezeichnet einen Zustand, in dem in einem funktionsfähigen Staat verbindliche Rechtsnormen existieren und deren Einhaltung und der Schutz individueller Rechtsgüter (Eigentum, Freiheit, usw.) jederzeit gewährleistet ist.

2. Was ist Recht?
Recht bezeichnet die Gesamtheit der Rechtssätze, die für einen bestimmten Anwendungsbereich Gültigkeit haben.

- Gesetze
- Verordnungen
- Satzungen
- Rechtsprechung
- Verträge
- Gewohnheitsrecht

3. Was ist das Privatrecht?

- Regelt die rechtlichen Beziehungen der Bürger untereinander
- Rechtliche Gleichstellung
- Koordinationsprinzip
- z. B. BGB, Handelsrecht, Arbeitsrecht

© Springer Fachmedien Wiesbaden GmbH, ein Teil von Springer Nature 2022
R. Schwarz, *Sachkunde im Bewachungsgewerbe (IHK) – Übungsbuch* ,
https://doi.org/10.1007/978-3-658-38144-8_1

4. Was ist das öffentliche Recht?

- Regelt die rechtlichen Beziehungen zwischen Staat und Bürgern
- Rechtliche Unterordnung des Bürgers
- Subordinationsprinzip
- z. B. Strafrecht, Gewerberecht, Steuerrecht

5. Was sind hoheitliche Rechte?
Befugnisse des Staates gegenüber seinen Bürgern zum Schutz der öffentlichen
Sicherheit und Ordnung

6. Können hoheitliche Rechte an private Sicherheitsdienste übertragen werden?
Ja, aber nur für einzelne Aufgaben z. B. im Rahmen eines PPP.

7. Was ist das Gewaltmonopol?
Die Befugnis körperliche Gewalt (Zwangsmaßnahmen) im Rahmen seiner Aufgaben anzuwenden.

8. Dürfen Sicherheitsmitarbeiter Gewalt anwenden?
Ja, aber nur im Ausnahmefall im Rahmen der Jedermannsrechte.

9. Wie ist die rechtliche Stellung der privaten Sicherheit?

Rechtliche Stellung	
Polizei	**Private Sicherheit**
Hoheitliche Rechte	Jedermanssrechte
Öffentlich rechtlich geregelt	Privatrechtlich geregelt
Handeln Kraft Gesetz	Handeln in privatem Auftrag

10. Was ist PPP – Public Private Partnership?
Zusammenarbeit von öffentlichen und privaten Einrichtungen, z. B. Bundespolizei
und private Sicherheitsdienstleister beim security check am Flughafen.

11. Welche Jedermannsrechte gibt es?

Bürgerliches Gesetzbuch (BGB)		
Paragraph		**Inhalt**
§ 227 BGB	→	Notwehr, Nothilfe
§ 228 BGB	→	Verteidigungsnotstand
§ 229 BGB	→	Allgemeine Selbsthilfe
§ 859 BGB	→	Selbsthilfe des Besitzers
§ 860 BGB	→	Selbsthilfe des Besitzdieners
§ 904 BGB	→	Angriffsnotstand

Strafgesetzbuch (StGB)		
Paragraph		**Inhalt**
§ 32 StGB	→	Notwehr, Nothilfe
§ 34 StGB	→	Rechtfertigender Notstand
§ 35 StGB	→	Entschuldigender Notstand

Strafprozessordnung (StPO)		
Paragraph		**Inhalt**
§ 127 StPO	→	Vorläufige Festnahme

1.1 Das Grundgesetz der Bundesrepublik Deutschland (GG)

12. Was sind Grundrechte?
Menschen- und Bürgerrechte des Grundgesetzes.

13. Was sind Menschenrechte?
Menschenrechte stehen jedem Menschen zu.

14. Was sind Bürgerrechte?
Bürgerrechte stehen jedem deutschen Staatsbürger zu.

15. Welche Funktion haben die Grundrechte?

- Abwehrrechte des Bürgers gegenüber dem Staat.
- Drittwirkung der Grundrechte: Wirkung im Verhältnis von Bürgern untereinander

16. Welche wichtigen Grundrechte gibt es?

Artikel 1	Menschenwürde
Artikel 2	Freie Entfaltung, Freiheit und körperliche Unversehrtheit
Artikel 3	Gleichheit vor dem Gesetz
Artikel 5	Meinungsfreiheit
Artikel 8	Versammlungsfreiheit
Artikel 10	Brief-, Post und Fernmeldegeheimnis
Artikel 12	Freie Berufswahl
Artikel 13	Unverletzlichkeit der Wohnung
Artikel 14	Schutz des Eigentums

17. Welche Verfassungsgrundsätze (Art. 20 GG) gibt es?

- Demokratie
- Sozialstaatlichkeit
- Bundesstaatlichkeit
- Republikanisches Prinzip
- Rechtsstaatlichkeit

18. Was bedeutet das Prinzip der Rechtsstaatlichkeit?

- Das Handeln ausschließlich auf der Grundlage von Gesetzen
- Die Gewaltenteilung
- Das Recht sich gerichtlich gegen staatliche Maßnahmen zur Wehr zu setzen
- Der Verhältnismäßigkeitsgrundsatz

19. Was bedeutet Gewaltenteilung und welche Gewalten gibt es?
Die staatliche Gewalt ist geteilt, um Machtmissbrauch zu verhindern.

- Legislative → Gesetzgebende Gewalt
- Exekutive → Ausführende Gewalt
- Judikative → Rechtsprechende Gewalt

1.2   Gewerbeordnung (GewO)

20. Was ist die Anzeigepflicht § 14 GewO?
Jedes Gewerbe ist bei der zuständigen Behörde anzuzeigen.

21. Was ist die Auskunft und Nachschau § 29 GewO?

- Gewerbebetriebe unterliegen der Aufsicht durch die zuständige Behörde.
- Auskünfte (mündlich und schriftlich)
- Zugang zu den Geschäftsräumen
- Einsicht in alle Geschäftsunterlagen

22. Was ist ein Bewachungsgewerbe nach § 34a GewO?
Der gewerbsmäßige Schutz des Lebens oder Eigentums fremder Personen vor rechtswidrigen Eingriffen Dritter.

23. Welche Voraussetzungen gibt es für die Ausübung eines Bewachungsgewerbes und für die Bewachungserlaubnis?

- Anmeldung bei der zuständigen Behörde
- Erlaubniserteilung durch die zuständige Behörde

24. Welche Voraussetzungen gelten für die Erteilung der Bewachungserlaubnis?

- Zuverlässigkeit des Gewerbetreibenden
- Geordnete Vermögensverhältnisse
- Nachweis der notwendigen rechtlichen Kenntnisse (mindestens Sachkundeprüfung nach § 34a GewO)

25. Für welche Tätigkeitsbereiche ist die Sachkundeprüfung vorgeschrieben?

- Kontrollgänge im öffentlichen Verkehrsraum oder im Hausrechtsbereich mit tatsächlich öffentlichem Verkehr,
- Schutz vor Ladendieben
- Bewachungen im Einlassbereich von gastgewerblichen Diskotheken
- Schutz von Asylunterkünften in leitender Funktion
- Schutz von Veranstaltungen in leitender Funktion

26. Nennen Sie zwei Beispiele für Hausrechtsbereiche mit tatsächlich öffentlichem Verkehr.

- Einkaufszentrum
- Museum

1.3   Bewachungsverordnung (BewachV)

27. Welche Abschlüsse ersetzen die Sachkundeprüfung?

- Bestimmte Berufsabschlüsse im Bewachungsgewerbe (z. B. Geprüfte Schutz- und Sicherheitskraft IHK) oder
- Abschlüsse im Rahmen einer Laufbahnprüfung zumindest für den mittleren Polizeivollzugsdienst, auch im Bundesgrenzschutz und in der Bundespolizei, für den mittleren Justizvollzugsdienst, für den mittleren Zolldienst (mit Berechtigung zum Führen einer Waffe) und für Feldjäger der Bundeswehr

28. Wer ist zuständig für die Prüfung?
Die Industrie- und Handelskammern.

29. Welche Regelungen gibt es zur Haftpflichtversicherung und Haftungsbeschränkung §§ 6 und 7 BewachV?
Abschluss einer Haftpflichtversicherung mit folgenden Mindestdeckungssummen Pflicht:

- für Personenschäden 1.000.000 €
- für Sachschäden 250.000 €
- für das Abhandenkommen bewachter Sachen 15.000 €
- für reine Vermögensschäden 12.500 €

30. Welche Regelungen gibt es zum Datenschutz und zur Wahrung von Geschäftsgeheimnissen § 8 BewachV?

- Schriftliche Verpflichtung zur Wahrung von Geschäfts- und Betriebsgeheimnissen
- Schriftliche Verpflichtung zur Wahrung von personenbezogenen Daten
- Verpflichtung besteht nach Ende der Beschäftigung fort

31. Was sind Betriebs- und Geschäftsgeheimnisse?
Als Geschäfts- oder Betriebsgeheimnis gelten alle Tatsachen, Umstände und Vorgänge, die nur einem begrenzten Personenkreis zugänglich sind und ein berechtigtes Interesse besteht, dass diese nicht verbreitet werden, insbesondere auch nicht Wettbewerbern zugänglich gemacht werden. (Techniken, Rezepte, kaufmännische Daten usw.)

32. Welche Regelungen gelten zu den Beschäftigten § 9 BewachV?
Für Bewachungsaufgaben dürfen nur Personen beschäftigt werden, die:

- Zuverlässig sind
- Das 18. Lebensjahr vollendet haben und
- In Abhängigkeit von der Tätigkeit den Nachweis der Unterrichtung oder den Nachweis über die erfolgreich abgelegte Sachkundeprüfung erbringen

33. Wer ist zuverlässig?

Personen die keine einschlägigen Vorstrafen haben und nicht als verfassungs-feindlich eingestuft sind, bzw. nicht Mitglied in solchen Organisationen sind oder waren.

34. Welche Meldung muss der Unternehmer bei der zuständigen Behörde machen?

Vor Beschäftigungsbeginn jeden neuen Mitarbeiter bei der zuständigen Behörde.

Während der Beschäftigung alle bei ihm beschäftigten Sicherheitsmitarbeiter einmal pro Jahr jeweils bis zum 31. März für das vergangene Kalenderjahr:

- Name
- Vorname
- Beschäftigungsbeginn

35. Welche Regelungen gibt es zur Dienstanweisung § 10 BewachV?

Der Wachdienst ist durch den Gewerbetreibenden mit einer Dienstanweisung zu regeln. Mindestens folgender Inhalt:

- Die Wachperson hat nicht die Eigenschaft und die Befugnisse eines Polizeibe-amten, Hilfspolizeibeamten oder eines sonstigen Bediensteten einer Behörde
- Waffen (Schuss-, Hieb- und Stoßwaffen) und Reizstoffsprühgeräte dürfen im Dienst nur mit ausdrücklicher Zustimmung des Gewerbetreibenden geführt werden
- Jeder Gebrauch von Waffen oder Reizstoffsprühgeräten ist unverzüglich der zuständigen Polizeidienststelle und dem Gewerbetreibenden anzuzeigen

36. Welche Regelungen gibt es zum Dienstausweis § 11 BewachV?

Während des Dienstes müssen Wachpersonen stets einen Dienstausweis und ihren Personalausweis/Reisepass bei sich führen und diesen auf Verlangen den zustän-digen Behörden vorzeigen. Der Ausweis muss mindestens folgende Angaben enthalten:

- Name und Vorname der Wachperson
- Name und Anschrift des Gewerbetreibenden
- Ein Lichtbild der Wachperson
- Unterschriften der Wachperson und des Gewerbetreibenden oder seines Vertre-ters
- Nr. des Personalausweises/Reisepasses

37. Welche Regelungen gibt es zum Namensschild § 11 BewachV?
Namensschild müssen Wachpersonen bei allen Tätigkeiten für die die Sachkundeprüfung verlangt wird (Ausnahme Ladendetektive) tragen

38. Welche Regelungen gibt es zur Dienstkleidung § 12 BewachV?
Vorgeschrieben für Wachpersonen, die in Ausübung ihres Dienstes fremdes einge-
friedetes (in der Regel umzäuntes) Besitztum betreten sollen.
Die Dienstkleidung muss so beschaffen ist, dass sie nicht mit Uniformen
der Angehörigen der Streitkräfte (Bundeswehr) oder mit Uniformen behördlicher
Vollzugsorgane (Polizei, Justiz, usw.) verwechselt werden können.

**39. Welche Regelungen gibt es zur Behandlung der Waffen und Anzeigepflicht
nach Waffengebrauch § 13 BewachV?**
Jeder Waffengebrauch ist unverzüglich der Polizei und dem Bewachungsunternehmen zu melden. Dieser meldet den Waffengebrauch an die zuständige
Behörde.

**40. Welche Regelungen gibt es zur Buchführung und Aufbewahrung § 14
BewachV?**
Führung und Aufbewahrung von Unterlagen (Frist zur Aufbewahrung beträgt in der
Regel drei Jahre):

* Bewachungsverträge
* Eine Liste aller Wachpersonen
* Verpflichtungen der Beschäftigten zum Mitführen des Ausweises/Schildes
* Nachweise über Zuverlässigkeit und Sachkunde der Mitarbeiter
* Dienstanweisungen und die Empfangsbestätigungen der Mitarbeiter
* Die Behördliche Zustimmung nach § 28 WaffG zum Erwerb, Besitz und Führen
  von Schusswaffen und Munition
* Die Überlassung von Schusswaffen an Mitarbeiter
* Anzeigen über Waffengebrauch
* Die Versicherungsunterlagen

**41. Welche Regelungen gibt es zur Unterrichtung der Gewerbeämter § 15
BewachV?**
Gerichte und Staatsanwaltschaften können die Gewerbeämter insbesondere infor-
mieren bei:

* Dem Erlass und dem Vollzug eines Haft- oder Unterbringungsbefehls

- Einer Anklageschrift
- Dem Antrag auf Erlass eines Strafbefehls
- Der das Verfahren abschließenden Entscheidung mit Begründung

gegen einen Mitarbeiter oder den Unternehmer selbst.
Dies führt regelmäßig zur Untersagung der Beschäftigung des Mitarbeiters.

42. Welche Regelungen gibt es zu Ordnungswidrigkeiten § 16 BewachV?
Bußgelder gegen den Mitarbeiter und/oder den Unternehmer unter anderem bei Verstößen:

- Haftpflichtversicherung
- Datenschutz/Geschäftsgeheimnisse
- Beschäftigte
- Dienstanweisung
- Ausweis/Schild
- Waffen
- Buchführung und Aufbewahrung

1.4   Datenschutz

43. Welchem Zweck dienen die Vorschriften zum Datenschutz, welche Rechtsgrundlagen kennen Sie dafür?
Zweck ist es, personenbezogene Daten (pbD) vor Missbrauch zu schützen und dadurch Beeinträchtigungen Einzelner in ihrem Persönlichkeitsrecht zu verhindern.
Die Datenschutzgrundverordnung der EU (DSGVO), das Bundesdatenschutzgesetz (BDSG) und die Datenschutzgesetze der Bundesländer (LDSG).

44. Warum sind personenbezogene Daten geschützt?
Die informationelle Selbstbestimmung die aus dem allgemeinen Persönlichkeitsrecht Art. 2 GG gftr, resultiert.
Jeder soll selbst über die Verwendung seiner Daten frei entscheiden können.

45. Welchen Anwendungsbereich haben die Datenschutzvorschriften?
Datenschutz gilt für die Erhebung, Verarbeitung und Speicherung personenbezogener Daten durch öffentliche Stellen des Bundes oder der Länder und nicht-öffentliche

Stellen. Ausgenommen hiervon ist nur die Verarbeitung pbD durch natürliche Personen wenn dies ausschließlich persönlichen oder familiären Tätigkeiten dient.

46. Was sind personenbezogene Daten und besondere Kategorien personenbezogener Daten?
Personenbezogene Daten sind Einzelangaben über persönliche oder sachliche Verhältnisse einer bestimmten oder bestimmbaren natürlichen Person. Besondere Kategorien personenbezogene Daten sind Daten aus denen die ethnische Herkunft, die politische Meinung, religiöse oder weltanschauliche Überzeugungen oder die Gewerkschaftszugehörigkeit hervorgehen. Weiterhin gehören dazu genetische und biometrische Daten, Gesundheitsdaten und Daten zum Sexualleben einer natürlichen Person.

47. Was bedeutet Daten erheben?
Die Beschaffung von Daten.

48. Was bedeutet Daten verarbeiten?
Die Speicherung, Veränderung, Übermittlung, Sperrung oder Löschung von Daten.

49. Was bedeutet Daten speichern?
Die Erfassung, Aufnahme oder Aufbewahrung von Daten auf einem Datenträger oder in deinem Dateisystem.

50. Nennen Sie die Grundsätze für die Verarbeitung personenbezogener Daten.

* Rechtmäßigkeit – pbD dürfen nur rechtmäßig erhoben, gespeichert und genutzt werden.
* Verarbeitung nach Treu und Glauben – auf die Interessen Betroffener ist Rücksicht zu nehmen, Unklarheiten gehen nicht zu seinen Lasten
* Transparenz – der Betroffene ist grundsätzlich über alles, das seine pbD betrifft, in verständlicher Art und Weise zu informieren.
* Zweckbindung – pbD dürfen nur zu dem Zweck verwendet werden, zu dem sie erhoben wurden.
* Datenminimierung – pbD müssen auf das unbedingt notwendige Maß begrenzt werden.
* Richtigkeit – pbD müssen sachlich richtig und auf dem aktuellen Stand sein.

- Speicherbegrenzung – pbD müssen unverzüglich gelöscht werden, wenn der Zweck der Verarbeitung entfallen ist oder der Betroffene die Einwilligung widerruft.
- Integrität und Vertraulichkeit – pbD müssen vor ungewollter Beschädigung, Löschung oder Veränderung und vor der Kenntnisnahme durch Unbefugte geschützt werden.

51. Welche Grundsätze der Sicherheit der Datenverarbeitung gibt es?

Zur Risikominimierung sollen personenbezogene Daten nach Möglichkeit:

- pseudonymisiert und verschlüsselt werden
- die Funktionsfähigkeit der Verarbeitungssysteme nachhaltig sichergestellt sein
- im Falle eines Zwischenfalls der Zugriff schnellstmöglich wiederhergestellt werden können

52. Welche Regelungen gibt es zum Datenschutzbeauftragten?

Öffentliche Stellen bestellen grundsätzlich einen Datenschutzbeauftragten.

Nicht-öffentliche Stellen haben einen betrieblichen Datenschutzbeauftragten nur zu bestellen wenn die Kerntätigkeit des Unternehmens die Verarbeitung besonders sensibler Daten oder die systematische Überwachung von betroffenen Personen ist oder wenn mehr als zehn Personen mit der automatisierten Datenverarbeitung beschäftigt sind.

53. Welche wichtigen technische und organisatorische Maßnahmen gibt es?

- Zutrittskontrolle → Unbefugten ist der räumliche Zutritt zu Datenverarbeitungsanlagen zu verwehren
- Zugriffskontrolle → Nur berechtigter Zugriff
- Weitergabekontrolle → Verhinderung des unbefugten Lesens, Kopierens, Veränderns oder Entfernens von Daten
- Zugangskontrolle → Verhinderung der unbefugten Benutzung von Daten

54. Unter welchen Voraussetzungen ist die Datenerhebung, -verarbeitung und -nutzung zulässig?

Daten dürfen nur erhoben, verarbeitet und genutzt werden wenn:

- Das BDSG, die DSGVO oder eine andere Rechtsvorschrift dies erlaubt oder
- Der Betroffene eingewilligt hat.

Die Einwilligung muss schriftlich erfolgen und der Betroffene ist auf den Zweck der Speicherung und eine vorgesehene Übermittlung der Daten hinzuweisen.

55. Wer ist auf das Datengeheimnis zu verpflichten?
Personen, die bei der Datenverarbeitung beschäftigt sind:

- Schriftliche Verpflichtung auf das Datengeheimnis
- Verbot der unbefugten Erhebung, Verarbeitung oder Nutzung von Daten

56. Welche Rechte haben Betroffene?

Auskunft, Benachrichtigung und Einsicht

Berichtigung, Löschung und Sperrung von Daten; Widerspruchsrecht

Anrufung des Datenschutzbeauftragten

Recht auf Datenübertragbarkeit

Einschränkungen beim Profiling

57. Welche Regelungen gibt es zur Videoüberwachung § 4 BDSG?
Zulässig nur, soweit sie:

- Zur Aufgabenerfüllung öffentlicher Stellen,
- Zur Wahrnehmung des Hausrechts oder
- Zur Wahrnehmung berechtigter Interessen für konkret festgelegte Zwecke

erforderlich ist und

- keine Anhaltspunkte bestehen, dass schutzwürdige Interessen der Betroffenen überwiegen (z. B. in Sanitärräumen) und
- Information des Betroffenen

Die Beobachtung und die verantwortliche Stelle sind durch geeignete Maßnahmen (üblich sind entsprechende Hinweisschilder) erkennbar zu machen.

58. Welche Folgen haben Verstöße gegen Vorschriften des BDSG und der DSGVO?

- Schadenersatz für den Betroffenen
- Bußgeld bei Ordnungswidrigkeiten
- Geld- oder Haftstrafe bei Straftaten (Vorsatz, Bereicherungsabsicht) – siehe auch Strafvorschriften des StGB

Literatur

Bücher

1. Christie A (2013) Das Sterben in Wychwood. Berlin
2. Erhard E (2013) Strafrecht für Polizeibeamte. Stuttgart
3. Gundel S, Mülli L (2009) Unternehmenssicherheit. München
4. Hücker F (1997) Rhetorische Deeskalation. München
5. Merschbacher A (2006) Brandschutz. Köln
6. Nerdinger F, Blickle G, Schaper N (2008) Arbeits- und Organisationspsychologie. Heidelberg
7. Olfert K (2012) Personalwirtschaft. Herne
8. Schwab D, Löhning M (2007) Einführung in das Zivilrecht. Heidelberg
9. Steckler B, Bachert P, Strauß R (2010) Arbeitsrecht und Sozialversicherung. Herne
10. Wenk E (1999) Objektschutzplanung für Führungskräfte im Sicherheitsbereich. München

Internet

1. IHK Berlin
2. DIHK
3. GESETZE-IM-INTERNET.DE
4. VBG.DE

Privatrecht 2

59. Was ist eine unerlaubte Handlung?

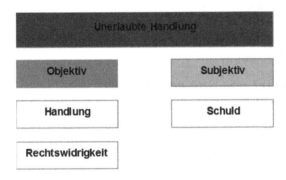

60. Wie ist die Schadenersatzpflicht aus unerlaubter Handlung geregelt § 823 BGB?

Prüfschema zu § 823 BGB: A ist dem B zum Schadenersatz verpflichtet, wenn:

1. A den B geschädigt hat (objektiv ein Schaden Entstanden ist).
2. Die Schädigung durch die Verletzung eines Rechtsgutes erfolgte (der Schaden als Folge der Rechtsverletzung entstanden ist).
3. Die Verletzung widerrechtlich war (A gegen geltendes Recht verstoßen hat).
4. Und A vorsätzlich oder fahrlässig handelte (schuldhaft).

© Springer Fachmedien Wiesbaden GmbH, ein Teil von Springer Nature 2022
R. Schwarz, *Sachkunde im Bewachungsgewerbe (IHK) – Übungsbuch*,
https://doi.org/10.1007/978-3-658-38144-8_2

61. Was ist ein Schaden?
Ist jeder Nachteil (Wertminderung, Zerstörung o. Ä.) die eine Person (Personenschaden) oder eine Sache (Sachschaden) durch ein Ereignis (z. B. unerlaubte Handlung) erleidet.

62. Welche speziellen Rechtfertigungsgründe gibt es im Privatrecht?

- Notwehr (§ 227 BGB)
- Verteidigender Notstand (§ 228 BGB)
- Angreifender Notstand (§ 904 BGB)

63. Was ist Notwehr § 227 BGB?
Rechtfertigungsgrund
Siehe Strafrecht § 32 StGB

64. Wovor schützt § 227 BGB?
Vor Schadenersatz.

65. Was ist der Defensive Notstand § 228 BGB?
§ 228 ist ein Rechtfertigungsgrund. Prüfschema § 228 Defensiver Notstand:

- Notstandslage (Durch eine Sache droht eine Gefahr für mich oder einen anderen.)
- Motiv (Die Zerstörung oder Beschädigung erfolgt um die Gefahr zu beseitigen.)
- Interessenabwägung (Die Zerstörung oder Beschädigung steht in einem angemessenen Verhältnis zum drohenden Schaden.)
- Erforderlichkeit (Die Zerstörung oder Beschädigung ist erforderlich, d. h. sie ist auch tatsächlich geeignet, um die Gefahr zu beseitigen und es gibt keine Mittel, die milder sind.)

66. Was ist der Aggressive Notstand § 904 BGB?
§ 904 ist ein Rechtfertigungsgrund. Prüfschema § 904 BGB:

- Notstandslage (Gefahr für ein Rechtsgut.)
- Motiv (Die Einwirkung erfolgt, um die Gefahr zu beseitigen.)
- Interessenabwägung (angerichteter Schaden < drohender Schaden)
- Erforderlichkeit (Die Einwirkung ist erforderlich und das mildeste Mittel.)

67. Was bedeuten Eigentum, Besitz und Besitzdienerschaft?

Eigentümer und Besitzer

▶ **Besitzdiener** Besitzdienerschaft ist die Ausübung der tatsächlichen Gewalt über eine Sache im Auftrag (weisungsgebunden) eines anderen.

68. Was ist verbotene Eigenmacht § 858 BGB?

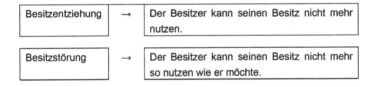

| Besitzentziehung | → | Der Besitzer kann seinen Besitz nicht mehr nutzen. |
| Besitzstörung | → | Der Besitzer kann seinen Besitz nicht mehr so nutzen wie er möchte. |

69. Was ist Selbsthilfe des Besitzers § 859 BGB?

Rechtfertigungsgrund

| Besitzwehr | → | Ist die Abwehr verbotener Eigenmacht mit Gewalt. |
| Besitzkehr | → | Der entzogene Besitz kann dem auf frischer Tat betroffenen Täter mit Gewalt wieder abgenommen werden. |

70. Was ist Selbsthilfe des Besitzdieners § 860 BGB?

Rechtfertigungsgrund

Dem Besitzdiener stehen bei der Selbsthilfe die gleichen Rechte zu wie dem Besitzer. Er ist dem Besitzer gleichgestellt.

71. Was ist Allgemeine Selbsthilfe § 229 BGB?

Rechtfertigungsgrund

Voraussetzungen:

* Es besteht ein privatrechtlicher Anspruch (geschütztes Rechtsgut)
* Hilfe der Obrigkeit (z. B. Polizei) ist nicht rechtzeitig zu erlangen
* Sofortiges Eingreifen ist notwendig, um den Anspruch zu sichern (ein späteres Eingreifen verhindert oder erschwert die Verwirklichung des Anspruchs erheblich)

Erlaubt sind dabei folgende Maßnahmen:

* Wegnahme, Beschädigung oder Zerstörung einer Sache
* Beseitigung von Widerstand; auch mit körperlicher Gewalt
* Festnahme des Verdächtigen bei Fluchtgefahr

72. Welche Grenzen hat die Selbsthilfe?

Sobald dies möglich ist, ist die Hilfe der Obrigkeit (z. B. Polizei) in Anspruch zu nehmen. Selbsthilfe ist keine Selbstjustiz, sondern dient nur dem Durchsetzten von zivilrechtlichen Ansprüchen.

73. Was ist das Schikaneverbot § 226 BGB?

Die Ausübung eines Rechts ist unzulässig, wenn sie nur den Zweck haben kann, einem anderen Schaden zuzufügen.

74. Wie ist die Haftung des Tierhalters § 833 BGB geregelt?

Gefährdungshaftung. Der private Tierhalter haftet unabhängig vom Verschulden.

75. Welche Rechte und Pflichten hat der Finder einer Sache?

Er ist verpflichtet, den Verlierer oder Eigentümer unverzüglich von dem Fund zu unterrichten und die Sache zu verwahren. Ist dieser unbekannt, so erfolgen eine Anzeige und die Übergabe an die zuständige Behörde. Hierfür wird eine Fundmeldung erstellt.

Literatur

Bücher

1. Christie A (2013) Das Sterben in Wychwood. Berlin
2. Erhard E (2013) Strafrecht für Polizeibeamte. Stuttgart
3. Gundel S, Mülli L (2009) Unternehmenssicherheit. München
4. Hücker F (1997) Rhetorische Deeskalation. München
5. Merschbacher A (2006) Brandschutz. Köln
6. Nerdinger F, Blickle G, Schaper N (2008) Arbeits- und Organisationspsychologie. Heidelberg
7. Olfert K (2012) Personalwirtschaft. Herne
8. Schwab D, Löhning M (2007) Einführung in das Zivilrecht. Heidelberg
9. Steckler F, Bachert P, Strauß R (2010) Arbeitsrecht und Sozialversicherung. Herne
10. Wenk E (1999) Objektschutzplanung für Führungskräfte im Sicherheitsbereich. München

Internet

1. IHK Berlin
2. DIHK
3. GESETZE-IM-INTERNET.DE
4. VBG.DE

Strafrecht

3

76. Welche Aufgaben hat das Strafrecht?

- Ahndung begangener Rechtsverletzungen
- Abschreckung potenzieller Täter

3.1   Strafgesetzbuch

77. Was ist eine Straftat?

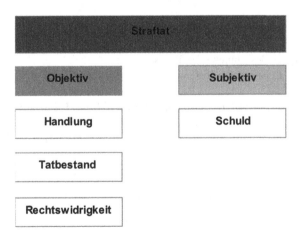

78. Was ist der Tatbestand?

Ist das im Gesetz beschriebene Verhalten, welches strafbar sein soll. Entspricht die tatsächliche Handlung des Täters dieser Beschreibung, ist der Tatbestand verwirklicht (Tatbestandsmäßigkeit der Handlung).

79. Was bedeutet keine Strafe ohne Gesetz § 1 StGB?

• Schutz vor willkürlicher Bestrafung
• Rückwirkungsverbot

80. Was sind Verbrechen, Vergehen und Ordnungswidrigkeiten?

Vergehen: Straftat mit einem Strafmaß von unter einem Jahr Freiheitsstrafe oder Geldstrafe

Verbrechen: Straftat mit einem Strafmaß von mindestens einem Jahr Freiheitsstrafe

Ordnungswidrigkeit en: Geldbuße (z. B. falsches Parken)

81. Welche Formen der Täterschaft gibt es?

• Unmittelbarer Täter → Tatbegehung
• Mittäter → Gemeinsame Tatbegehung
• Mittelbarer Täter → Tatbegehung durch eine andere Person

82. Welche Formen der Beteiligung gibt es?

• Anstiftung → Bestimmung des Täters zur Tat
• Beihilfe → Leistung von Hilfe vor/während der Tat

83. Was sind die Garantenstellung und Begehen durch Unterlassen?

Garantenpflicht (§ 13 StGB) ist die rechtliche oder tatsächliche Verpflichtung dafür einzustehen, dass ein bestimmter Taterfolg nicht eintritt. Unterlässt der Garant dies, macht er sich strafbar durch unterlassen.

Begründung einer Garantenstellung durch:

- Eine Rechtsnorm (Eltern für ihre Kinder)
- Eine tatsächliche Pflichtübernahme (Lehrer auf einem Schulausflug für die Schüler)
- Eine konkrete Lebensbeziehung (Ehegatten, Hausgemeinschaft)
- Einen Vertrag (Bewachungsvertrag)
- Ein Gefahrbegründendes- oder erhöhendes Verhalten (vorhergehende Straftat)

84. Welche Regelungen zu den Schuldmerkmalen und zur Schuldunfähigkeit gibt es?
Vorsatz: Wissen und Wollen oder Billigende Inkaufnahme
Fahrlässigkeit: Pflichtverletzung
Schuldunfähig sind:

- Personen, die das 14. Lebensjahr noch nicht vollendet haben (Kinder),
- Geistesgestörte Personen (krankhafte seelische Störung, Schwachsinn oder tief greifende Bewusstseinsstörung)

85. Was bedeuten Offizial- und Antragsdelikt?

- Offizialdelikt: Strafverfolgung von Amts wegen
- Antragsdelikt: Strafverfolgung auf Antrag oder bei öffentlichem Interesse

86. Was ist der Versuch einer Straftat?
Der Versuch einer Straftat liegt vor, wenn der Täter nach seiner Vorstellung von der Tat zur Tatausführung ansetzt – die Begehung der Tat beginnt. Aus Gründen die nicht in der Macht des Täters liegen, kommt es jedoch nicht zur Vollendung der Tat.

87. Was ist Notwehr, Nothilfe § 32 StGB?
Rechtfertigungsgrund

▶Notwehr ist die Verteidigung, die erforderlich ist, um einen gegenwärtigen rechtswidrigen Angriff von sich oder einem anderen abzuwenden.

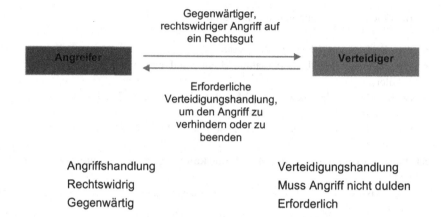

Nothilfe ist die Verteidigung, die erforderlich ist, um einen gegenwärtigen rechtswidrigen Angriff von einem anderen abzuwenden.

88. Was bedeutet der Begriff gegenwärtig?
Gegenwärtig ist ein Angriff, der unmittelbar bevorsteht, gerade stattfindet oder noch
andauert.

89. Wo ist der wesentliche Unterschied zwischen Notwehr und Notstand?
Bei der Notwehrlage handelt es sich um einen Angriff der von menschlichem Verhalten ausgeht. Bei der Notstandslage handelt es sich um eine Gefahr die nicht
zwingend vom Menschen ausgehen muss, sondern auch von einer Sache.

90. Wovor schützt § 32 StGB?
Vor Strafverfolgung.

91. Was bedeutet Überschreitung der Notwehr § 33 StGB?
Entschuldigungsgrund. Überschreitet der Täter die Grenzen der Notwehr aus
Verwirrung, Furcht oder Schrecken, so wird er nicht bestraft.

92. Was ist der Rechtfertigende Notstand § 34 StGB?
Rechtfertigungsgrund. Prüfschema § 34 StGB:

• Notstandslage (Gefahr für ein Rechtsgut.)
• Motiv (Die Tat erfolgt, um die Gefahr zu beseitigen.)

- Interessenabwägung (angerichteter Schaden < drohender Schaden)
- Erforderlichkeit (Die Einwirkung ist erforderlich und das mildeste Mittel.)

93. Was ist der Entschuldigende Notstand § 35 StGB?

Entschuldigungsgrund. Prüfschema § 35 StGB:

- Notstandslage (Gefahr für Leben, Körper oder Freiheit für einen selbst, einen Angehörigen oder eine nahe stehende Person.)
- Motiv (Die Tat erfolgt, um die Gefahr zu beseitigen.)
- Keine Interessenabwägung
- Erforderlichkeit (Die Gefahr ist nicht anders abwendbar.)
- Täterstellung (Täter hat die Notstandslage nicht selbst herbeigeführt und steht in keinem besonderen Rechtsverhältnis.)

94. Was ist Hausfriedensbruch § 123 StGB?

Tatbestandsmerkmale:

- Geschütze Räumlichkeit: Wohnung, Geschäftsraum, befriedetes Besitztum, Raum für den öffentlichen Dienst, Raum für den öffentlichen Verkehr
- widerrechtliches Eindringen oder
- auf Aufforderung eines Berechtigten die Örtlichkeit nicht verlassen

95. Was ist das Hausrecht?

Hausrecht ist das Recht frei zu entscheiden, wem der Zutritt zu einer Örtlichkeit gestattet ist. Dies schließt die Befugnis ein das Zutrittsrecht von bestimmten Bedingungen (z. B. der Zahlung eines Eintrittsgeldes) abhängig zu machen.

96. Was ist Amtsanmaßung § 132 StGB?

Tatbestandsmerkmale:

- Öffentliches Amt (Beamtentitel) und
- mit dem Amt befassen oder
- Eine Handlung vornehmen, die nur ein Bediensteter einer Behörde durchführen darf

97. Was ist Missbrauch von Titeln, Berufsbezeichnungen und Abzeichen § 132a StGB?

Tatbestandsmerkmale:

- Geschützter Titel oder
- Geschützte Berufsbezeichung oder
- Geschützte Abzeichnen und
- in der Öffentlichkeit führen

98. Was ist Nichtanzeige geplanter Straftaten § 138 StGB?
Tatbestandsmerkmale:

- Katalogstraftat (Freiheitsberaubung, Raub, schwerer Raub, Brandstiftung, schwerer Brandstiftung, räuberische Erpressung, usw.)
- glaubhaft davon Erfahren und
- zu einen Zeitpunkt wo die Ausführung verhindert werden kann und
- bei Betroffenen oder Strafverfolgungsbehörde nicht anzeigen

99. Was ist Missbrauch von Notrufen und Beeinträchtigung von Unfallverhütungs- und Nothilfemitteln § 145 StGB?
Tatbestandsmerkmale:

- Der Missbrauch von Notrufen (Spaßanruf bei der 110)
- Das Vortäuschen, dass Hilfe erforderlich sei (Anruf bei der Feuerwehr, obwohl es nicht brennt)
- Das Entfernen, Unkenntlichmachen und Entstellen von Warn- und Verbotszeichen (Abschrauben, Beschmieren, usw.)
- Das Unbrauchbarmachen oder Entfernen von Schutz- und Rettungseinrichtungen (Brandmelder, Rettungsringe, usw.)

100. Was ist Falsche uneidliche Aussage § 153 StGB?
Tatbestandsmerkmale:

- Vor Gericht und
- nicht unter Eid falsch aussagen

101. Was ist Meineid § 154 StGB?
Tatbestandsmerkmale:

- Vor Gericht und
- unter Eid falsch aussagen

102. Was ist Falsche Verdächtigung § 164 StGB?

Tatbestandsmerkmale:

* Die Äußerung eines unwahren Verdachts oder die Behauptung unwahrer Tatsachen über eine bestimmte Person
* Vor einer Behörde oder Stelle, die für die Entgegennahme von Anzeigen zuständig ist (z. B. Polizei)
* Wider besseren Wissens (vorsätzlich)
* Mit dem Ziel, ein behördliches Verfahren oder eine behördliche Maßnahme gegen diese Person herbeizuführen oder fortdauern zu lassen (Strafverfahren, Haftbefehl, usw.)

103. Was ist Beleidigung § 185 StGB?

Beleidigung ist die ehrverletzende Kundgabe der Missachtung oder der Nichtachtung gegenüber einer Person oder gegenüber einem Dritten.

Die Kundgabe kann mündlich, schriftlich, bildlich oder durch schlüssiges Verhalten (Gestik, Mimik) und Tätlichkeiten erfolgen.

104. Was ist Körperverletzung § 223 StGB?

Tatbestandsmerkmale:

* Wenn eine Person (Täter) eine andere Person (Opfer)
* Körperlich misshandelt oder
* An der Gesundheit schädigt

105. Was ist Gefährliche Körperverletzung § 224 StGB?

Tatbestandsmerkmale:

* Körperverletzung
* Mittels Gift oder anderer gesundheitsschädlicher Stoffe
* Mittels Waffen oder anderer gefährlicher Werkzeuge
* Mittel eines hinterlistigen Überfalls
* Mit einem anderen Beteiligten gemeinschaftlich
* Mittels einer das Leben gefährdenden Behandlung

106. Was ist Schwere Körperverletzung § 226 StGB?

Tatbestandsmerkmale:

* Die Körperverletzung hat

- Beeinträchtigung oder Verlust des Seh- oder Sprechvermögens oder
- Verlust eines wichtigen Körpergliedes oder
- Lähmung oder Entstellung

zur Folge.

107. Was ist Fahrlässige Körperverletzung § 229 StGB?
Tatbestandsmerkmale:

- Die Körperverletzung wird fahrlässig verursacht.

108. Was ist Nachstellung § 238 StGB?
Tatbestandsmerkmale:

- Das Aufsuchen der räumlichen Nähe zum Opfer oder
- Kontaktaufnahme oder
- Missbrauch von persönlichen Daten zur Bestellung von Waren oder
- Bedrohung von Leben, Freiheit usw. des Opfers oder seiner Angehörigen und
- Dadurch eine schwerwiegende Beeinträchtigung der Lebensgestaltung des Opfers hervorrufen

109. Was ist Freiheitsberaubung § 239 StGB?
Tatbestandsmerkmale:

- Einen Menschen
- Einsperren oder
- auf andere Weise der persönlichen Freiheit berauben (Festhalten, usw.)

110. Was ist Nötigung § 240 StGB?
Tatbestandsmerkmale:

- Einen Menschen
- Rechtswidrig
- Durch Gewalt oder Androhung eines empfindlichen Übels
- Zu einer Handlung, Duldung oder Unterlassung zwingen

111. Was ist Bedrohung § 241 StGB
Tatbestandsmerkmale:

• Einen Menschen
• Mit einem Verbrechen gegen sich oder eine nahestehende Person bedrohen oder
• Vortäuschen, dass eine solche Tat bevorsteht

112. Was ist Diebstahl § 242 StGB?
Tatbestandsmerkmale:

• Eine fremde, bewegliche Sache
• Wegnehmen
• In der Absicht, diese Sache sich oder einem Dritten rechtswidrig zuzueignen

113. Was bedeutet Wegnahme?
Wegnahme ist der Bruch alten und die Begründung neuen Gewahrsams.

114. Was ist ein Besonders schwerer Fall des Diebstahls § 243 StGB?
Tatbestandsmerkmale:

• Wird der Diebstahl durch
• Einbrechen, Einsteigen, mit falschen Schlüsseln, mit Werkzeugen oder sich in einem Raum verborgen halten in einem Betriebs- oder Geschäftsraum oder durch
• Ausnutzung der Hilflosigkeit einer Person nach Unglück
• Gewerbsmäßiger Diebstahl (Berufsmäßig)
• Diebstahl von Waffen, Sprengmitteln, Religiösen Gegenständen aus Kirchen oder Gegenständen aus Museen

begangen.

115. Was ist Diebstahl mit Waffen; Bandendiebstahl, Wohnungseinbruchsdiebstahl § 244 StGB?
Tatbestandsmerkmale:

• Mit Waffen oder anderen gefährlichen Gegenständen,
• Mit sonstigen Mitteln, die zum Überwinden von Widerständen bestimmt sind,
• Als Mitglied einer Bande gemeinschaftlich oder
• Diebstahl aus Wohnungen (Tatbestandsmerkmale wie § 243 StGB)

116. Was ist Unterschlagung § 246 StGB?

Tatbestandsmerkmale:

* Eine fremde bewegliche Sache
* Aus dem Besitz oder Gewahrsam des Täters
* Sich oder einem Dritten zueignen

117. Was sind Diebstahl und Unterschlagung geringwertiger Sachen § 248a StGB?

Betrifft der Diebstahl (§ 242 StGB) oder die Unterschlagung (§ 246 StGB) eine geringwertige Sache, werden die Taten nur auf Antrag bzw. bei besonderem öffentlichen Interesse verfolgt. Wertgrenze 25 €.

118. Was ist Raub § 249 StGB?

Tatbestandsmerkmale:

* Eine fremde, bewegliche Sache
* Mit Gewalt oder Drohung gegen Leib oder Leben
* Wegnehmen
* In der Absicht, diese Sache sich oder einem Dritten rechtswidrig zuzueignen

119. Was ist Räuberischer Diebstahl § 252 StGB?

Tatbestandsmerkmale:

* Nach dem Diebstahl
* Mit Gewalt oder Drohung gegen Leib oder Leben
* Den Besitz der Beute zu erhalten

120. Was ist Erpressung § 253 StGB?

Tatbestandsmerkmale:

* Einen Menschen
* Rechtswidrig
* Durch Gewalt oder Androhung eines empfindlichen Übels
* Zu einer Handlung, Duldung oder Unterlassung zwingen
* Und dadurch dem Vermögen des Opfers oder dem Vermögen eines anderen einen Nachteil zufügen
* Um sich oder einen Dritten zu bereichern

121. Was ist Räuberische Erpressung § 255 StGB?
Tatbestandsmerkmale:
Wird die Erpressung unter Anwendung von Drohungen mit einer gegenwärtigen Gefahr für Leib oder Leben begangen, so ist Erpressung als Raub zu behandeln und zu bestrafen.

122. Was ist Begünstigung § 257 StGB?
Tatbestandsmerkmale:

- Hilfeleistung (Rat und Tat)
- für einen Täter,
- um dessen Taterfolg (z. B. die Beute eines Diebstahls) zu sichern.

123. Was ist Strafvereitelung § 258 StGB?
Tatbestandsmerkmale:

- Absichtliche oder wissentliche (Vorsatz)
- Durch Tun oder Unterlassen
- Vereitelung der Bestrafung des Täters
- Wegen einer rechtswidrig und schuldhaft begangen Handlung
- Täter ist kein Angehöriger und
- Strafvereitelung nicht zu eigenen Gunsten

124. Was ist Hehlerei § 259 StGB?
Tatbestandsmerkmale:

- Eine Sache, die durch eine rechtswidrige Tat erlangt wurde
- Ankaufen oder sich oder einem Dritten auf andere Weise verschaffen oder
- Verkaufen oder Hilfe zum Verkauf leisten
- Um sich oder einen Dritten zu bereichern

125. Was ist Betrug § 263 StGB?
Tatbestandsmerkmale:

- Schädigung des Vermögens eines anderen (Vermögensschaden)
- In der Absicht sich oder einen Dritten zu bereichern (Vermögensvorteil)
- Durch Irrtumserregung (Vorspiegelung falscher Tatsachen oder Entstellung oder Unterdrückung wahrer Tatsachen) oder Aufrechterhaltung eines Irrtums

126. Was ist Computerbetrug § 263a StGB?

Tatbestandsmerkmale:

* Unbefugte Eingriffe in Programme, Daten oder sonstige Abläufe der Datenverarbeitung oder
* Unbefugte Verwendung von Daten oder
* Verwendung falscher oder unvollständiger Daten

127. Was ist Erschleichen von Leistungen § 265a StGB?

Tatbestandsmerkmale:

* Inanspruchnahme der Leistung
* Eines Automaten oder
* Eines öffentlichen Telekommunikationsnetzes oder
* Eines Verkehrsmittels (Schwarzfahren) oder
* Durch den Zutritt zu einer Veranstaltung oder Einrichtung
* in der Absicht, das Entgelt für die Leistung nicht zu entrichten.

128. Was ist Untreue § 266 StGB?

Tatbestandsmerkmale:

* Ein Nachteil der Vermögensinteressen des Eigentümers
* Durch den Missbrauch der Verfügungsmacht über fremdes Vermögen oder
* Die Verletzung der Pflicht, fremde Vermögensinteressen wahrzunehmen verursachen.

129. Was ist Urkundenfälschung § 267 StGB?

Tatbestandsmerkmale:

* Herstellung einer unechten Urkunde oder
* Inhaltliche Veränderung einer echten Urkunde und
* Gebrauch zur Täuschung

130. Was ist eine Urkunde?

Urkunde ist jede verkörperte Gedankenerklärung (Schriftstück, Ausweis, Kfz-Kennzeichen, Vertrag, usw.), die im Rechtsverkehr als Beweis bestimmt und geeignet ist und den Aussteller erkennen lässt.

131. Was ist Sachbeschädigung § 303 StGB?

Tatbestandsmerkmale:

* Die Rechtswidrige Beschädigung oder Zerstörung fremder Sachen oder
* Die Unbefugte Veränderung des Erscheinungsbildes einer fremden Sache, wenn die Veränderung nicht unerheblich und nicht nur vorübergehend ist

132. Was ist Brandstiftung § 306 StGB?

Tatbestandsmerkmale:

* In Brand setzen oder
* Durch Brandlegung ganz oder teilweise Zerstören von
* Gebäuden, Betriebsstätten oder technischen Einrichtungen, Fahrzeugen, Wäldern, Heiden Mooren oder land- oder forstwirtschaftlichen Anlagen oder Erzeugnissen

133. Was ist Unterlassene Hilfeleistung § 323c StGB?

Tatbestandsmerkmale:

* Bei Unglücksfällen, gemeiner Gefahr oder Not
* Nicht Hilfe zu leisten, obwohl diese erforderlich ist und
* Den Umständen nach möglich und zuzumuten wäre (ohne erhebliche Gefahr für sich selbst oder ohne die Vernachlässigung anderer wichtiger Pflichten möglich)

3.2 Betäubungsmittelgesetz

134. Welche Straftaten nach dem Betäubungsmittelgesetz gibt es?

* Den Anbau und die Herstellung,
* Das Handel treiben und in den Verkehr bringen,
* Das Ein- und Ausführen,
* Die Veräußerung und die Abgabe und
* Den Erwerb und Besitz von Betäubungsmitteln
* Ohne Erlaubnis

3.3   Strafprozessordnung

135. Welche Rechte und Pflichten haben Zeugen?

- Die Pflicht zu erscheinen
- Die Pflicht auszusagen
- Die Pflicht unter Eid auszusagen
- Das Recht auf anwaltlichen Beistand
- Das Recht auf Information

136. Welche Rechte und Pflichten haben Beschuldigte?

- Die Pflicht zu erscheinen
- Schweigerecht
- Das Recht auf anwaltlichen Beistand

137. Welche Voraussetzungen gelten für die vorläufige Festnahme nach § 127 Abs. 1 StPO?

- Täter auf frischer Tat betroffen oder verfolgt und
- Identität nicht sofort feststellbar oder der Flucht verdächtig

Literatur

Bücher

1. Christie A (2013) Das Sterben in Wychwood. Berlin
2. Erhard E (2013) Strafrecht für Polizeibeamte. Stuttgart
3. Gundel S, Mülli L (2009) Unternehmenssicherheit. München
4. Hücker F (1997) Rhetorische Deeskalation. München
5. Merschbacher A (2006) Brandschutz. Köln
6. Nerdinger F, Blickle G, Schaper N (2008) Arbeits- und Organisationspsychologie. Heidelberg
7. Olfert K (2012) Personalwirtschaft. Herne
8. Schwab D, Löhning M (2007) Einführung in das Zivilrecht. Heidelberg
9. Steckler B, Bachert P, Strauß R (2010) Arbeitsrecht und Sozialversicherung. Herne
10. Wenk E (1999) Objektschutzplanung für Führungskräfte im Sicherheitsbereich. München

Internet

1. IHK Berlin
2. DIHK
3. GESETZE-IM-INTERNET.DE
4. VBG.DE

Umgang mit Waffen

4

138. Wer hat Umgang mit einer Waffe?

Wer diese erwirbt, besitzt, überlässt, führt, verbringt, mitnimmt, damit schießt, herstellt, bearbeitet, instand setzt oder damit Handel treibt (§ 1 Abs. 3 WaffG).

139. Wie kann die Sachkunde nachgewiesen werden?

- Durch eine Prüfung vor der zuständigen Stelle oder
- Durch eine Tätigkeit oder Ausbildung

140. Was sind Waffen?

Schusswaffen und gleichgestellte Gegenstände

Tragbare Gegenstände (Hieb- und Stoßwaffen)

Verbotene Waffen

141. Was sind Verbotene Waffen?

- Waffen nach dem Kriegswaffenkontrollgesetz, insbesondere vollautomatische und Anscheinswaffen
- Stahlruten, Totschläger, Schlagringe und Teleskopschlagstöcke bis 19 cm im zusammengeschobenen Zustand
- Wurfsterne und Butterflymesser
- Zielpunktprojektoren

© Springer Fachmedien Wiesbaden GmbH, ein Teil von Springer Nature 2022
R. Schwarz, *Sachkunde im Bewachungsgewerbe (IHK) – Übungsbuch* ,
https://doi.org/10.1007/978-3-658-38144-8_4

142. Welche waffenrechtlichen Begriffe kennen Sie?

Besitz	Ist die tatsächliche Gewalt über eine Waffe zu haben, das heißt unabhängig von den Eigentumsverhältnissen nach eigenem Willen über sie verfügen zu können.
Erwerb	Die tatsächliche Gewalt (Besitz) über eine Waffe zu erlangen.
Überlassung	Wer einem anderen die tatsächliche Gewalt (Besitz verschaffen) über eine Waffe oder Munition einräumt, **überlässt** ihm die Waffe
Führen	Die Ausübung der tatsächlichen Gewalt über eine Waffe außerhalb seiner Wohnung, seiner Geschäftsräume, seines umfriedeten Besitztums oder einer Schießstätte in der Art, dass die Waffe zugriffsbereit mitgeführt wird.
Verwendung	Wer eine Waffe bestimmungsgemäß verwendet - damit schießt.
Schussbereit	Wenn sich Munition in der Waffe befindet.
Zugriffsbereit	Ist eine Waffe, wenn sie unmittelbar, das heißt mit wenigen schnellen Handgriffen, in Anschlag gebracht werden kann.

143. Welche waffenrechtliche Erlaubnisse gibt es und wozu berechtigen sie?

Waffenbesitzkarte	Erwerb und Besitz
Waffenschein und kleiner Waffenschein	Führen

Die Waffenbesitzkarte erlaubt dem Inhaber, Waffen und Munition zu erwerben und zu besitzen.
Der Waffenschein erlaubt dem Inhaber das Führen einer Waffe.

144. Welche Voraussetzungen für eine Erlaubnis nach dem WaffG gibt es?

- Das vollendete 18. Lebensjahr
- Die erforderliche Zuverlässigkeit (§ 5 WaffG) und die persönliche Eignung (§ 6 WaffG)
- Die erforderliche Sachkunde
- Nachweis eines Bedürfnisses
- Waffenschein zusätzlich eine Haftpflichtversicherung

145. Welche Dokumente sind stets bei der Waffe zu führen?

- Personalausweis oder Reisepass und
- die entsprechenden Erlaubnisse für Waffe und Munition (Waffenbesitzkarte, Waffenschein)

146. Welche Vorschriften gibt es bezüglich öffentlicher Veranstaltungen im WaffG?
Auf öffentlichen Veranstaltungen ist das Führen einer Waffe im Sinne des § 1 Abs. 2 WaffG grundsätzlich verboten (§ 42 WaffG).

Literatur

Bücher

1. Christie A (2013) Das Sterben in Wychwood. Berlin

2. Erhard E (2013) Strafrecht für Polizeibeamte. Stuttgart
3. Gundel S, Mülli L (2009) Unternehmenssicherheit. München
4. Hücker F (1997) Rhetorische Deeskalation. München
5. Merschbacher A (2006) Brandschutz. Köln
6. Nerdinger F, Blickle G, Schaper N (2008) Arbeits- und Organisationspsychologie. Heidelberg
7. Olfert K (2012) Personalwirtschaft. Herne
8. Schwab D, Löhning M (2007) Einführung in das Zivilrecht. Heidelberg
9. Steckler B, Bachert P, Strauß R (2010) Arbeitsrecht und Sozialversicherung. Herne
10. Wenk E (1999) Objektschutzplanung für Führungskräfte im Sicherheitsbereich. München

Internet

1. IHK Berlin
2. DIHK
3. GESETZE-IM-INTERNET.DE
4. VBG.DE

Unfallverhütungsvorschriften 5

147. Wer ist Träger der gesetzlichen Unfallversicherung?
Die Berufsgenossenschaften (§§ 114 und 121 SGB VII).

148. Welche Hauptaufgaben haben die Berufsgenossenschaften?

- Prävention
- Erlass von Unfallverhütungsvorschriften
- Überwachung der Einhaltung und Umsetzung von Unfallverhütungsvorschriften
- Beratung
- Heilbehandlung
- Reha-Maßnahmen
- Berufliche Eingliederung (z. B. Umschulungen)
- Entschädigungsleistungen

149. Wer ist versichert?
Versichert in der gesetzlichen Unfallversicherung ist jeder abhängig Beschäftigte in der jeweils für seinen Arbeitgeber zuständigen BG. Es handelt sich hierbei um eine Pflichtversicherung kraft Gesetz (§ 2 SGB VII).

150. Welche Tätigkeiten sind versichert?
Versichert sind alle Tätigkeiten, die der Arbeitnehmer (Versicherte) im Rahmen seines Anstellungsverhältnisses ausübt (§ 8 SGB VII).

Darüber hinaus sind auch die unmittelbaren Wege zwischen Wohnung und Arbeitsstätte mit versichert (Wegeunfall; § 8 Abs. 2 Nr. 1 SGB VII).

© Springer Fachmedien Wiesbaden GmbH, ein Teil von Springer Nature 2022   41
R. Schwarz, *Sachkunde im Bewachungsgewerbe (IHK) – Übungsbuch* ,
https://doi.org/10.1007/978-3-658-38144-8_5

151. Was ist ein Arbeitsunfall?

Ein Arbeitsunfall ist ein zeitlich begrenztes Ereignis, dass von außen auf den Körper einwirkt und zu einem Gesundheitsschaden oder dem Tod führt (§ 8 Abs. 1 SGB VII).

152. Welche Pflichten hat der Arbeitgeber?

* Durchführung der Maßnahmen zur Verhütung von Arbeitsunfällen und Berufskrankheiten, für die Verhütung arbeitsbedingter Gesundheitsgefahren und eine wirksame Erste Hilfe (§ 21 SGB VII; § 2 BGV A1).
* Unfallverhütungsvorschriften einhalten
* Organisation schaffen (Geeignetes Personal, Dienstanweisungen, usw.)
* Mittel zur Verfügung stellen (Erste Hilfe Ausstattung, Feuerlöscher, Vorschriften, usw.)

Bei regelmäßig mehr als 20 Beschäftigten hat der Unternehmer so genannte Sicherheitsbeauftragte zu bestellen (§ 22 SGB VII).

153. Welche Pflichten haben die Versicherten?

* Maßnahmen zur Verhütung von Arbeitsunfällen und Berufskrankheiten, für die Verhütung arbeitsbedingter Gesundheitsgefahren und für eine wirksame Erste Hilfe unterstützen und
* Die Anweisungen des Unternehmers befolgen (§ 21 Abs. 3 SGB VII).

154. Was ist bei einem Arbeitsunfall oder einer Berufskrankheit zu tun?

* Unfallmeldung, wenn der Versicherte mehr als drei Tage arbeitsunfähig ist.
* Berufskrankheit (Verdacht auf eine Berufskrankheit) bei einem Versicherten.
* Die Anzeige ist innerhalb von drei Tagen zu erstatten und vom Betriebsrat mit zu unterzeichnen (§ 193 SGB VII).

155. Welche Sicherheitskennzeichnung gibt es?

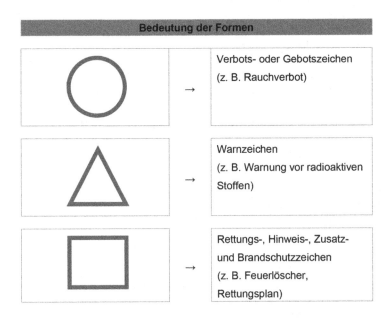

Bedeutung der Formen

⭕	→	Verbots- oder Gebotszeichen (z. B. Rauchverbot)
△	→	Warnzeichen (z. B. Warnung vor radioaktiven Stoffen)
☐	→	Rettungs-, Hinweis-, Zusatz- und Brandschutzzeichen (z. B. Feuerlöscher, Rettungsplan)

Bedeutung der Farben

ROT	→	Verbot, Gefahr, Einrichtungen zur Brandbekämpfung
GELB	→	Warnung
GRÜN	→	Gefahrlosigkeit
BLAU	→	Gebot

156. Welche Vorschriften gibt es für Beschäftigte § 3 DGUV 23?

Für Sicherheitsaufgaben dürfen nur Beschäftigte eingesetzt werden, die

- Die erforderliche Befähigung haben:
- Mindestens 18 Jahre,
- Geistige und körperliche Eignung,
- Zuverlässigkeit und
- Den Aufgaben angemessene Ausbildung

157. Welchen Inhalt sollen Dienstanweisungen haben § 4 DGUV 23?

- Rechte und Pflichten
- Verschwiegenheit
- Eigensicherung
- Verhalten bei Konfrontationen
- Verhalten bei Überfällen, Geiselnahmen
- Umgang mit Schusswaffen
- Verbote gem. WaffG
- Verbot berauschender Mittel
- Organisatorische Festlegungen und Kommunikation
- Verbot von Nebentätigkeiten
- Einsatz von Sicherheitstechnik
- Meldung von Mängeln und Gefahren

Bei einsatzbezogenen Vorschriften (zusätzlich):

- Auftraggeber und Auftrag
- Ansprechpartner
- Ablauf des Dienstes (Übergabe, Kontrollgänge usw.)
- Spezielle Gefahren im/am Objekt
- Objektspezifisches Verhalten in bestimmten Situationen
- Technik
- usw.

158. Was gilt bezüglich berauschender Mittel § 5 DGUV 23?

Der Genuss berauschender Mittel (inklusive Alkohol) ist während des Dienstes ausdrücklich verboten. Beim Konsum vor und nach dem Dienst ist sicherzustellen, dass der Dienstantritt stets nüchtern erfolgt.

159. Was gilt für Sicherungstätigkeiten mit besonderen Gefahren § 7 DGUV 23?
Ergeben sich bei der Aufgabendurchführung besondere Gefahren, ist das Sicherheitspersonal zu überwachen. Dies ist insbesondere bei Tätigkeiten mit einem hohen Konfrontationspotenzial notwendig.

160. Was gilt für Brillenträger § 11 DGUV 23?
Muss im Dienst eine Brille getragen werden, ist diese gegen Verlieren zu sichern oder eine Ersatzbrille mitzuführen.

161. Was gilt für Schreck- oder Gasschusswaffen?
Der Einsatz von Schreck- oder Gasschusswaffen ist ausdrücklich und immer untersagt.

Literatur

Bücher

1. Christie A (2013) Das Sterben in Wychwood. Berlin
2. Erhard E (2013) Strafrecht für Polizeibeamte. Stuttgart
3. Gundel S, Mülli L (2009) Unternehmenssicherheit. München
4. Hücker F (1997) Rhetorische Deeskalation. München
5. Merschbacher A (2006) Brandschutz. Köln
6. Nerdinger F, Blickle G, Schaper N (2008) Arbeits- und Organisationspsychologie. Heidelberg
7. Olfert K (2012) Personalwirtschaft. Herne
8. Schwab D, Löhning M (2007) Einführung in das Zivilrecht. Heidelberg
9. Steckler B, Bachert P, Strauß R (2010) Arbeitsrecht und Sozialversicherung. Herne
10. Wenk E (1999) Objektschutzplanung für Führungskräfte im Sicherheitsbereich. München

Internet

1. IHK Berlin
2. DIHK
3. GESETZE-IM-INTERNET.DE
4. VBG.DE

Umgang mit Menschen

6

162. Was ist Psychologie?

Psychologie ist die Lehre vom (sichtbaren) Verhalten und (nicht unmittelbar sichtbarem) Erleben (Gefühle usw.) des Menschen.

163. Was ist ein Motiv?

Jedes Verhalten hat eine Ursache, ein Motiv.

164. Was ist Motivation?

Motivation ist der Antrieb, die Aktivität, gewünschte Ziele (Motive) umzusetzen.

165. Beschreiben Sie die Bedürfnispyramide nach Maslow

Die Bedürfnisse des Menschen sind hierarchisch in fünf Ebenen aufgebaut. Erst, wenn die Bedürfnisse einer Ebene befriedigt sind, werden die Bedürfnisse der Ebene darüber verhaltenswirksam.

- Grundbedürfnisse
- Sicherheit
- Soziale Bedürfnisse
- Anerkennung
- Selbstverwirklichung

© Springer Fachmedien Wiesbaden GmbH, ein Teil von Springer Nature 2022
R. Schwarz, *Sachkunde im Bewachungsgewerbe (IHK) – Übungsbuch* ,
https://doi.org/10.1007/978-3-658-38144-8_6

166. In welche vier Bereiche unterscheidet man Motivation?

Primär (angeboren)	Sekundär (erworben)
Hunger Durst Überleben Sex	Anerkennung Materieller Wohlstand Süchte (Drogen usw.)

Innere	Äußere
Neugier Zufriedenheit Angst	Anerkennung Zuneigung Belohnung

167. Welche Faktoren beeinflussen unsere Wahrnehmung?

- Die Funktion unserer fünf Sinne (Sehen, Hören, Riechen, Tasten, Schmecken)
- Innere Faktoren wie eigene Motive, Wissen, Erfahrung, persönliches Befinden, Vorurteile
- Äußere Faktoren wie Umwelt, Tageszeit, Ort
- Bewusstes Denken, Interesse
- Unbewusste Empfindungen, Hormone
- Situation in der die Wahrnehmung stattfindet

168. Was ist Menschenkenntnis?
Die Fähigkeit, einem Menschen die richtigen Eigenschaften und Fähigkeiten auf der Grundlage der eigenen Wahrnehmung zuzuschreiben (ihn richtig einzuschätzen). Sie beruht im Wesentlichen auf Erfahrung.

169. Was ist der Erster Eindruck?
Eine Form der Wahrnehmung, die unbewusst bei der ersten Begegnung mit einem Menschen unwillkürlich ein Bild entstehen lässt. Dies geschieht innerhalb kürzester Zeit (<30 s).

170. Was sind Vorurteile

Vorgefasste Meinungen, die meist ohne Prüfung von Dritten übernommen wurden. Die Folgen sind eine Vorverurteilung und daraus resultierendes falsches Verhalten.

171. Was ist Selektive Wahrnehmung?

Ein besonderes Phänomen in der Psychologie. Menschen nehmen, beeinflusst durch die obigen Faktoren, in bestimmten Situationen bewusst oder unbewusst nur einen Teil der vorhandenen Informationen wahr.

172. Was ist das Selbstwertgefühl?

Das Selbstwertgefühl entsteht aus der Wahrnehmung und Beurteilung der eigenen Person. Es ist damit das Ergebnis des Selbstbild es, das ein Mensch von sich hat.

173. Beschreiben Sie das Johari-Fenster

Öffentliche Person (Allen bekannt)	Blinder Fleck (Anderen bekannt, mir unbekannt
Mein Geheimnis (Mir bekannt, anderen unbekannt)	Unbekanntes (Mir und anderen unbekannt)

174. Was ist Selbstvertrauen?

Das Vertrauen in die eigenen Fähigkeiten, es bildet damit die Grundlage für das eigene Handeln.

175. Welche Kommunikationsmodelle kennen Sie?

Kommunikationskreislauf

Eisbergmodell

Vier Seiten einer Nachricht

176. Aus welchen Elementen besteht Kommunikation?

verbal (wörtlich) Sprache, Schrift	**paraverbal** (ausdrücklich) Stimmlage, Lautstärke, Betonung
nonverbal (körperlich) Körpersprache (Mimik, Gestik)	**extraverbal** (äußerlich) äußere Erscheinung, Kleidung, Haare

177. Welche Fehler entstehen in der Kommunikation?

Sender	Empfänger
Übermittlungsfehler Schlechte Funkverbindung, laute Umgebung, undeutliche Aussprache usw.	**Empfangsfehler** Schlechte Funkverbindung, laute Umgebung, Schwerhörigkeit usw.
Übersetzungsfehler Wahl der falschen Sprache, Zeichen usw.	**Übersetzungsfehler** Versteht die Sprache, Zeichen nicht usw.
Absicht Verbergen der Absichten, Lügen usw.	**Absicht** Erkennt die Absicht nicht, lässt sich täuschen, verfolgt eigene Absichten usw.
Interpretationsfehler Die Situation, Beziehung zum Empfänger usw. wird falsch eingeschätzt, ich sage etwas, dass ich nicht sagen will usw.	**Interpretationsfehler** Der Inhalt der Nachricht wird falsch interpretiert, ich höre etwas, dass der Sender nicht gesagt hat oder nicht sagen wollte usw.

178. Was ist aktives Zuhören?

Das aktive Zuhören ist eine Technik zur Vermeidung von Fehlern in der Kommunikation. Der Empfänger beschränkt sich dabei nicht auf die passive Aufnahme von Informationen, sondern gibt aktiv Feedback.

179. Welche Frageformen gibt es?

Offene Fragen	→	W- Fragen, können nicht mit Ja oder Nein beantwortet werden, öffnen ein Gespräch „Wie meinen Sie das?"
Geschlossene Fragen	→	Beantwortung mit Ja oder Nein, ersticken ein Gespräch „Mögen Sie Kaffee?"
Alternativ- fragen	→	Lässt nur die gegebenen Antworten zu „Möchten Sie Kaffee oder Tee?"
Suggestiv- fragen	→	Beeinflussen den Gefragten in der Antwort durch Vorgabe der Richtigen „Sie machen das doch gern, oder (etwa nicht)?"
Gegenfragen	→	Ohne selbst eine Antwort zu geben wird eine Frage erwidert „Wie sehen Sie denn das?"

180. Welche Distanzzonen gibt es?

Intime Zone bis 0,6 Meter
Privatzone 0,6 bis 1,50 Meter
Geschäftliche Zone 1,50 bis 4,00 Meter
Öffentliche Zone ab 4,00 Meter

181. Welche Phasen eines Gespräches unterscheidet man?

• Gesprächseröffnung
• Gesprächsführung
• Gesprächsabschluss

182. Was ist ein Konflikt?
Ein Konflikt ist die Auseinandersetzung zweier gegensätzlicher Interessen.

183. Welche Arten von Konflikten gibt es?

• Interpersonale Konflikte (Konflikte zwischen mindestens zwei Personen)
• Zielkonflikte (gegensätzliche Ansichten über Ziele)
• Rollenkonflikte (gegensätzliche Ansichten über die Rolle und das Rollenverhalten)
• Beziehungskonflikte (gegensätzliche Ansichten über Inhalt, Art und Weise der Beziehung)
• Generationenkonflikt (Unterschiedliche Werte und Normen, Auflehnung gegen Ältere zur Identitätsfindung)

184. Wo können Konflikte entstehen?

• Konflikte, zu denen ein Mitarbeiter gerufen wird (Nachbarschaftsstreit)
• Konflikte, die durch einen Mitarbeiter entstehen (Zugangskontrolle)
• Konflikte im Innenverhältnis (Konflikte unter Mitarbeitern oder mit Vorgesetzten)

185. Was ist Frustration?
Ist ein stark negatives Gefühl, das entsteht, wenn ein Mensch seine angestrebten Ziele nicht verwirklichen kann. Die Frustration ist dabei umso größer, je wichtiger das Ziel, je mehr Energie bereits in die Verwirklichung gesteckt wurde und je häufiger Hindernisse auftauchen.

186. Was ist Aggression?

Ein Verhalten, das darauf abzielt, andere Menschen und deren Interessen zu verletzen oder zu zerstören, entweder körperlich oder verbal.

187. Was ist Stress?

Eine Überlastung oder Überbeanspruchung des Körpers oder des Geistes durch lang anhaltende negative Reize wie Lärm, Misserfolge, Zeitdruck, soziale Ausgrenzung, Mobbing usw.

188. Beschreiben Sie den Konfliktverlauf nach Friedrich Glasl.

| 1. Verhärtung der Standpunkte |
| 2. Polarisation und Debatte |
| 3. Schaffung von Tatsachen |
| 4. Abwertung der anderen Seite, Suche nach Verbündeten |
| 5. Selbstgerechtigkeit sowie Gesichtsverlust |
| 6. Drohungen und Machtdemonstration |
| 7. Legitimierung von Gewalt |
| 8. Vernichtung des Gegners als Bedingung des Überlebens |
| 9. Totale Konfrontation |

189. Wie können Konflikte entschärft werden?

• Trennung der Konfliktparteien, insbesondere bei Gewalt
• Ruhig und gelassen bleiben
• Emotionen herauslassen oder abschwächen
• Verständnis für das Gegenüber signalisieren
• Ursachen des Konflikts erfragen
• Sachlich bleiben und argumentieren

- Die Regeln der Kommunikation beachten (Aktives Zuhören, unterbewusste Botschaften bewusst machen usw.)
- Gemeinsam Kompromiss suchen und Regeln festlegen

190. Was sind soziale Gruppen?
Darunter versteht man eine Anzahl von Personen, die in einer bestimmten Beziehung zu einander stehen, gemeinsame Ziele verfolgen und eigene Werte und Normen haben.

191. Was sind formelle Gruppen?
Als formelle Gruppen werden Gruppen bezeichnet, deren Zusammensetzung, Struktur und Normen von außen vorgegeben sind.

192. Was sind informelle Gruppen?
Informelle Gruppen finden sich freiwillig zusammen, meist zur Verfolgung eines gemeinsamen Zieles, verfügen aber ebenso wie formelle Gruppen über Strukturen, Normen und einen Führer.

193. Was sind Menschenmengen?
Menschenmengen sind lockere Ansammlungen von Personen, die über keine gemeinsamen Beziehungen, Strukturen oder Normen verfügen. Meist hat ihr Zusammentreffen jedoch ein gemeinsames Ziel oder einen gemeinsamen Zweck.

194. Was ist eine akute Masse?
Gerät eine Menschenmenge durch einen Auslöser wie Angst, eine Explosion, ein Feuer oder das Auftreten von Sicherheitskräften in Bewegung, spricht man von einer akuten Masse.

195. Wodurch kann eine Panik verhindert werden?

- Beruhigend auf die Menschenmenge einwirken (Lautsprecherdurchsagen usw.)
- Überblick und Ruhe bewahren
- Kurze und präzise Anweisungen erteilen
- Bewegung der Menge verlangsamen oder stoppen
- Nach Möglichkeit in kleinere Gruppen aufteilen

196. Wodurch ist das Verhalten von Jugendlichen gekennzeichnet?

- Noch in der Selbstfindung begriffen (Ich, Status, Werte und Normen), daher oft etwas unsicher
- Oft sehr impulsiv, unbedacht im Handeln
- Anfälliger für Gruppenverhalten (Mutproben usw.)
- Fehlende Lebenserfahrung (Abschätzung von Konsequenzen usw.)

197. Wodurch ist das Verhalten von Senioren gekennzeichnet?

- Körperliche Einschränkungen möglich (Beweglichkeit, Hör- und Sehvermögen)
- Oft starker Wunsch nach Selbstständigkeit und Angst, eine Belastung zu sein
- Große Lebenserfahrung (Rechthaberei, Starrsinn usw.)
- Geistige Einschränkungen möglich (Aufnahme-, Merkfähigkeit)

198. Wodurch ist das Verhalten von alkoholisierten Personen gekennzeichnet?

- Alkoholbedingte körperliche und geistige Einschränkungen (Motorik, Sprache, Aufmerksamkeit, Merkfähigkeit usw.)
- Übermütig und uneinsichtig
- Starke Stimmungsschwankungen möglich
- Starkes Aggressions- oder Depressionspotenzial

199. Was ist im Umgang mit Menschen fremder Herkunft oder Kultur zu beachten?

- Vermeidung von Schablonendenken und Vorurteilen
- Kulturelle und religiöse Unterschiede respektieren
- Sprechtempo und Lautstärke anpassen, wenn nötig, selbst keinen Dialekt sprechen
- Sicherstellen, dass gleiches Verständnis herrscht
- Wenn nötig, Sprachmittler einschalten

200. Welche Grundsätze der Eigensicherung kennen Sie?

Gefahrenbewusstsein

Gefahrenerkennung

Ausbildung und Training (Taktik, Ausrüstung, Situationstraining)

Einsatzbereite Ausrüstung

Ungeteilte Aufmerksamkeit, keine Routine aufkommen lassen

Realistische Lagebeurteilung

Ein gesundes Misstrauen

So viel Abstand wie der Auftrag es zulässt

Eingreifen nur bei zahlenmäßiger Überlegenheit, wenn möglich Verstärkung abwarten

Permanente Absprache im Team

Information der Leitstelle

Umfeld ständig beobachten

Einem Verdächtigen niemals den Rücken zuwenden

201. Beschreiben Sie die sogenannte L-Stellung

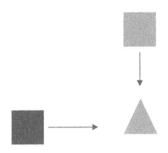

Literatur

Bücher

1. Christie A (2013) Das Sterben in Wychwood. Berlin
2. Erhard E (2013) Strafrecht für Polizeibeamte. Stuttgart
3. Gundel S, Mülli L (2009) Unternehmenssicherheit. München
4. Hücker F (1997) Rhetorische Deeskalation. München
5. Merschbacher A (2006) Brandschutz. Köln
6. Nerdinger F, Blickle G, Schaper N (2008) Arbeits- und Organisationspsychologie. Heidelberg
7. Olfert K (2012) Personalwirtschaft. Herne
8. Schwab D, Löhning M (2007) Einführung in das Zivilrecht. Heidelberg
9. Steckler B, Bachert P, Strauß R (2010) Arbeitsrecht und Sozialversicherung. Herne
10. Wenk E (1999) Objektschutzplanung für Führungskräfte im Sicherheitsbereich. München

Internet

1. IHK Berlin
2. DIHK
3. GESETZE-IM-INTERNET.DE
4. VBG.DE

Grundzüge der Sicherheitstechnik   7

202. Beschreiben Sie das TOP-Prinzip

Sicherheitskonzept (TOP)
Technische Maßnahmen
Organisatorische Maßnahmen
Personelle Maßnahmen

203. Beschreiben Sie das Drei-Säulen-System
Sicherheit basiert auf drei Säulen. Dies sind mechanische Sicherungen, elektronische Sicherungen und organisatorische (personelle) Maßnahmen einschließlich Risikomanagement.

204. Was ist der Widerstandswert?
Ein numerischer Wert in Widerstandseinheiten (WE), der typisiert durch eine Prüfung ermittelt wird und die Einteilung in Widerstandsklassen erlaubt.

205. Was ist der Widerstandszeitwert?
Die Zeit, die ein fachkundiger Täter mithilfe bestimmter Werkzeuge benötigt, um eine Barriere (z. B. Fenster) zu überwinden.

© Springer Fachmedien Wiesbaden GmbH, ein Teil von Springer Nature 2022   59
R. Schwarz, *Sachkunde im Bewachungsgewerbe (IHK) – Übungsbuch* ,
https://doi.org/10.1007/978-3-658-38144-8_7

206. Was ist die Interventionszeit?
Die Zeit, die der Sicherheitsdienst benötigt, um nach Auslösung eines Alarms am
Tatort zu sein.

207. Welche Mindesthöhe sollten Sicherheitszäune haben?
2,50 m

208. Welche Arten von Zäunen kennen Sie?

• Maschendrahtzäune
• Drahtgitterzäune
• Stahlgitterzäune
• Stahlprofilrahmenzäune und
• Streckmetallzäune

**209. Welche zusätzlichen Sicherungen können an Einfriedungen angebracht
werden?**

• Übersteigschutz (Stacheldraht, Angewinkelte Bauart)
• Verwendung besonders gehärtete Materialen und Innen liegende Elemente
• Fundamente und Sperren im Erdreich (30–80 cm Tiefe)
• Kleine Maschenweite (bis 5 cm)

210. Wie können Ein- und Ausfahrten gesichert werden?

• Manuelle Handschranken und elektronische Schrankensysteme
• Sperrpfosten und -gitter
• Roll- und Gittertore

211. Wie können Ein- und Ausgänge gesichert werden?
Einbruchhemmende Türen bestehend aus:

• Türrahmen/Stahlzarge
• Türbänder (gegen Aushebeln gesichert)
• Türblatt (verstärkt)
• Türschloss (mit Beschlag bündig verbaut, Aufbohrschutz)
• Drückergarnitur (evtl. außen nur Knauf)
• Beschlag (gegen Abschrauben gesichert)
• Schließblech (gegen Aufhebeln gesichert) und

• Türspion

212. Welche Arten von Personenvereinzelungsanlagen kennen Sie?

• Dreiarm-Drehsperre
• Schwenktüren oder -schranken
• Drehkreuze
• Drehtüren
• Personenschleuse

213. Welche Arten Sicherheitssonderverglasung kennen Sie?

• Durchwurf hemmende Verglasung
• Durchbruch hemmende Verglasung
• Durchschuss hemmende Verglasung und
• Sprengwirkung hemmende Verglasung

214. Erklären Sie das Prinzip einer Zentralschlossanlage?
Alle Schlüssel schließen zentrale Schlösser (Eingangstür, Gemeinschaftsräume usw.), aber jeweils nur ein weiteres Schloss (Wohnung, Büro usw.), z. B. für Mehrfamilienhäuser, Bürogebäude

215. Erklären Sie das Prinzip einer Hauptschlüsselanlage?
Alle Schlüssel schließen jeweils nur ein Schloss, ein oder mehrere Hauptschlüssel schließen alle Schlösser, z. B. für Schulen, einzelne Bürotrakte

216. Erklären Sie das Prinzip einer General-Hauptschlüsselanlage?
Mehrere Hauptschlüsselanlagen werden unter einem General-Hauptschlüssel zusammengefasst, der alle Schlösser schließt, die Hauptschlüssel aber nur innerhalb ihrer Bereiche (Gruppen), z. B. für Hotels, Krankenhäuser

217. Was ist im Umgang mit Schlüsseln und Karten zu beachten?

• Aufbewahrung in gesicherten Depots oder Schränken
• Nachweisführung (Schlüsselbuch)
• Schutz vor Verlust beim Transport
• Keine Klarbeizeichnung auf den Schlüsseln

218. Welche Arten von elektronischen Sicherheitssystemen kennen Sie?

Zutrittskontrollsysteme

Videoüberwachung

Gefahrenmeldeanlagen

Wächterkontrollsysteme

219. Welchen Zweck haben elektronische Sicherheitssysteme?
Sie verstärken mechanische Einrichtungen und unterstützen das Sicherheitspersonal
bei der Wahrnehmung seiner Aufgaben.

- Bessere Überwachungs- und Kontrollmöglichkeiten
- Erleichterte Täteridentifizierung/Beweissicherung
- Kürzere Interventionszeiten

220. Welche Arten von Zutrittskontrollsystemen kennen Sie?

Ausweissysteme

Codesysteme

Biometrische Systeme

221. Beschreiben Sie den prinzipiellen Aufbau eines ZKS

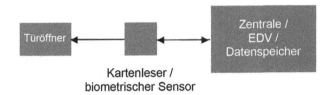

222. Welche Bestandteile hat eine Videoüberwachungsanlage mindestens?

- Aufnahmeeinheit(en) – Kameras
- Verarbeitungseinheit (Übertragung, Aufzeichnung usw.)
- Ausgabeeinheit (Bildschirm, Drucker)

223. Welche Arten von Kameras gibt es?

- Einfache Überwachungskameras (mit/ohne Zoom)
- Nachtsichtkameras (Infrarot oder Wärmebild)
- Röntgenkameras (z. B. in Justizvollzugsanstalten)

224. Welche Gefahrenmeldeanlagen unterscheidet man?

Einbruchmeldeanlagen (EMA)
Überfallmeldeanlagen (ÜMA)
Brandmeldeanlagen (BMA)

225. Erklären Sie den prinzipiellen Aufbau einer GMA?

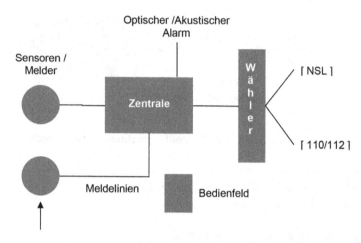

Sensorkontakt → Meldelinien → Zentrale → Alarm / NSL / 110 / 112

226. Welche Bestandteile hat eine GMA mindestens?

- Melder (Sensoren)
- Meldelinien
- Energieversorgung (Normal-/Notstrom)
- Signalgeber und/oder Wähleinrichtung
- Zentrale
- Bedienelemente

227. Welchen Zweck haben Einbruchmeldeanlagen (EMA)?
Einbruchmeldeanlagen dienen der Überwachung von Räumen, Flächen und Gegenständen und melden bei Auslösung eines Kontaktes.

228. Welche Arten von Kontakten/Sensoren unterscheidet man bei EMA?

Kontakt- überwachung	Außenhaut- überwachung	Freiland- und Raum- überwachung
Elektronische oder elektro- magnetische Kontakte an Türen, Fenstern, Objekten usw.	Glasbruch, Kontaktdrähte, Erschütterungs- melder, Licht usw.	Boden-, Zaun- oder Streckenmelder, Bewegungsmelder (Kontakt, Vibration, Druck, Richtlaser, usw.)

229. Welchen Zweck haben Überfallmeldeanlagen (ÜMA)?
Sie sollen bei drohender Gefahr durch manuelle Auslösung Hilfe alarmieren. Dies geschieht in der Regel durch einen sogenannten stillen Alarm.

230. Welche Auslöser für ÜMA gibt es?

• Notrufschalter (Hand/Fuß)
• Kontaktschalter (z. B. beim Entfernen des letzten Geldscheins aus einer Kasse)
• Eingabe bestimmter Codes (der Täter merkt nichts, da der Zugang scheinbar normal gewährt wird, der stille Alarm läuft aber im Hintergrund)

231. Welchen Zweck haben Brandmeldeanlagen (BMA)?
Durch ihre Sensoren gewährleisten sie eine flächendeckende Überwachung von Gebäuden und ermöglichen so, Brände frühzeitig zu erkennen.

Ist die Brandmeldeanlage mit Brandschutzeinrichtungen verbunden, kann sie zusätzlich zur Auslösung eines Alarmes je nach Bedarf auch automatisch Gegenmaßnahmen einleiten, wie z. B. Sprinkleranlagen auslösen oder Brandschutztüren schließen.

232. Welche Melderarten werden bei BMA unterschieden?

• Temperaturmelder
• Rauchmelder
• Flammenmelder
• Manuelle Auslöser

233. Welchen Zweck haben Wächterkontrollsysteme?
Die Wächterkontrolle dient den Bewachungsunternehmen intern als Kontrolle über durchgeführte Tätigkeiten (Kontrollgänge) und zum Nachweis gegenüber den Auftraggebern.

234. Welche Vor- und Nachteile haben drahtlose und drahtgebundene Kommunikationsmittel?

Drahtgebundene	Drahtlose
Ortsfeste Kabelnetze (digital, analog) Telefon, Fax, Daten	Mobil-, Betriebs- und Bündelfunk Mobiltelefone, Handsprechfunkgeräte
Zuverlässig in der Funktion und hohe Abhörsicherheit, hohe Installationskosten, nur an vorbereiteten Anschlüssen nutzbar	Mobil - keine vorbereiteten Anschlüsse notwendig, schnelle Inbetriebnahme, je nach System und Umgebung aber beschränkte Reichweite und örtliche Verfügbarkeit (Funkloch, Funkschatten, geringe Rechweite in Gebäuden und Anlagen), geringe Abhörsicherheit

235. Unterscheiden Sie Betriebs- und Bündelfunk

Betriebsfunk	Bündelfunk
Reichweite bis 20 km Nutzung von Gemeinschaftsfrequenzen Geringe Abhörsicherheit Keine Einwahl ins Telefonnetz möglich Eingeschränkte Übertragungsqualität	Reichweite bis 200 km Exklusiv zugewiesene Frequenzen Hohe Abhörsicherheit Einwahl ins Telefonnetz möglich Gute Übertragungsqualität

236. Erklären Sie den grundsätzlichen Aufbau von Handsprechfunkgeräten

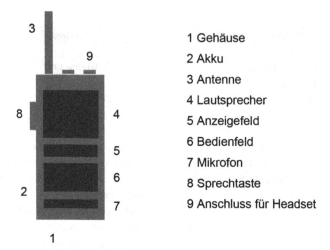

1 Gehäuse

2 Akku

3 Antenne

4 Lautsprecher

5 Anzeigefeld

6 Bedienfeld

7 Mikrofon

8 Sprechtaste

9 Anschluss für Headset

237. Welche Grundsätze im Sprechfunkverkehr/zur Funkdisziplin kennen Sie?

• Gespräche möglichst kurz halten (Kanal nicht blockieren)
• Formelles „Sie", aber keine Höflichkeitsfloskeln („bitte lassen Sie das Bitte am Funk weg")
• Klar und deutlich sprechen
• Eigennamen buchstabieren, einleiten mit „ich buchstabiere"
• Zahlen eindeutig aussprechen (Zwo und Drei)
• Anruf: mit Namen des Teilnehmers beginnen, dann eigenen Namen nennen („Leitstelle, hier Streife 1, kommen")
• Übergabe an Teilnehmer mit „kommen"
• Wer das Gespräch beginnt, beendet dies auch, Ende des Gesprächs mit „Ende"
• Fragen einleiten mit „Frage"
• Sicherheit/Datenschutz beachten (Nennung von Namen, Orten usw. nur, wenn nötig)

238. Unterscheiden Sie vorbeugenden und abwehrenden Brandschutz

Vorbeugender	Abwehrender
Technische, bauliche, organisatorische und personelle Maßnahmen zur Brandverhütung bzw. Schadenminimierung für den Brandfall.	Technische, organisatorische und personelle Maßnahmen zur Brandbekämpfung und Schadenminimierung.

239. Nennen Sie die vier Voraussetzungen zur Brandentstehung

- Brennbarer Stoff
- Sauerstoff
- Zündenergie
- Mischungsverhältnis

240. Nennen Sie die fünf Brandklassen mit den zugehörigen Löschmitteln

Klasse	Brennbarere Stoffe	Löschmittel
A	Feste, Stoffe, die unter Flammen- und Glutbildung verbrennen. (Kohle, Holz, Papier)	Wasser, Pulver, Schaum
B	Flüssige oder flüssig werdende Stoffe. (Alkohol, Benzin, Lacke)	Pulver, Schaum, CO_2, N_2
C	Gase (Wasserstoff, Methan, Propan)	Pulver, CO_2, N_2
D	Metalle oder Legierungen (Magnesium, Natrium)	Pulver, N_2 Sand
F	Organische Fette und Öle (Friteuse usw.)	Pulver, Schaum CO_2, N_2

241. Nennen Sie drei technische Maßnahmen des vorbeugenden Brandschutzes

* Brandmelde und -bekämpfungsanlagen (BMA, automatische Brandschutztüren, Sprinkleranlagen usw.)
* Rauch- und Wärmeabzugsanlagen
* Sauerstoffreduzierte Räume

242. Nennen Sie drei bauliche Maßnahmen des vorbeugenden Brandschutzes

* Verwendung nicht oder schwer brennbarer Stoffe
* Brandwände und -abschnitte
* Stationäre Feuerlöschanlagen

243. Nennen Sie drei organisatorische Maßnahmen des vorbeugenden Brandschutzes

* Brandschutzpläne (Flucht- und Rettungspläne usw.)
* Dienstanweisungen Umgang mit brennbaren Stoffen, Gefahrenquellen usw.
* Funktionsprüfungen, Brandschutzprüfungen

244. Nennen Sie drei personelle Maßnahmen des vorbeugenden Brandschutzes

* Brandschutzbeauftragter
* Belehrung des Personals, Brandschutzübungen
* Brandschutzhelfer

245. Was versteht man unter abwehrendem Brandschutz?
Unter abwehrendem Brandschutz versteh man alle technischen, organisatorischen und personellen Maßnahmen zur Brandbekämpfung bzw. Schadenminimierung.

246. Beschreiben Sie das Verhalten im Brandfall

BRAND MELDEN → MENSCHEN RETTEN → BRAND BEKÄMPFEN

1. Brand melden	2. Menschen retten	3. Brand bekämpfen
Wer meldet?	Sich selbst und	Wenn dies ohne
Was brennt?	gefährdete Personen	Gefahr möglich ist
Wo brennt es?	retten.	und geeignete
Wie viele Personen	Türen und Fenster	Löschmittel
sind verletzt?	schließen.	vorhanden sind.
Rückfragen	Fluchtwege benutzen.	
abwarten!	Keine Aufzüge!	

247. Welche Löscheffekte kennen Sie? Beschreiben Sie sie kurz

- **Ersticken** durch Trennung von Sauerstoff (Störung des richtigen Mischverhältnisses → Schaum, CO_2)
- **Kühlen** (Entzug der Zündenergie → Wasser, Schaum)
- **Inhibitionseffekt** (Stopp der Verbrennungsreaktion durch Verzögerung des Reaktionsgeschwindigkeit mit Sauerstoff → Pulver)

248. Welche Beschriftung muss auf einem Feuerlöscher angebracht sein?

- Bedienungsanleitung schriftlich und Bebildert (Piktogramme)
- Bezeichnung der geeigneten Brandklassen
- Nachweis der Funktionsprüfung (alle zwei Jahre)

249. Welche Arten von Feuerlöschern unterscheidet man?

- Gasdrucklöscher (meist mit CO_2)
- Dauerdrucklöscher (sofort einsatzbereit)
- Aufladelöscher (Druckpatrone muss vor Gebrauch aktiviert werden)

250. Welche Regeln sind beim Gebrauch eines Feuerlöschers zu beachten?

- Windrichtung beachten, immer mit dem Wind löschen

- Flächenbrände immer von vorne und von unten löschen
- Tropf- und Fließbrände von oben löschen
- Viel hilft viel, wenn möglich mehrere Feuerlöscher auf einen Punkt konzentrieren, nicht nacheinander einsetzten
- Nach dem Löschen den Brandherd nicht verlassen (Wieder aufflammen)
- Nach dem Brand das Wiederauffüllen des Löschers veranlassen

Literatur

Bücher

1. Christie A (2013) Das Sterben in Wychwood. Berlin
2. Erhard E (2013) Strafrecht für Polizeibeamte. Stuttgart
3. Gundel S, Mülli L (2009) Unternehmenssicherheit. München
4. Hücker F (1997) Rhetorische Deeskalation. München
5. Merschbacher A (2006) Brandschutz. Köln
6. Nerdinger F, Blickle G, Schaper N (2008) Arbeits- und Organisationspsychologie. Heidelberg
7. Olfert K (2012) Personalwirtschaft. Herne
8. Schwab D, Löhning M (2007) Einführung in das Zivilrecht. Heidelberg
9. Steckler B, Bachert P, Strauß R (2010) Arbeitsrecht und Sozialversicherung. Herne
10. Wenk E (1999) Objektschutzplanung für Führungskräfte im Sicherheitsbereich. München

Internet

1. IHK Berlin
2. DIHK
3. GESETZE-IM-INTERNET.DE
4. VBG.DE

Fälle mit Lösungen   8

8.1 Fall 1

Als Ladendetektiv beobachten Sie einen Ihnen unbekannten Kunden dabei, wie dieser sich vor einem Regal stehend mehrmals umblickt und eine teure Uhr aus der Auslage in seine Jackentasche steckt. Anschließend geht er Richtung Ausgang und will das Geschäft verlassen. Hinter dem Kassenbereich sprechen Sie den Mann auf Ihre Beobachtung an.

a) Wie hat sich der Mann strafbar gemacht?
b) Wie ist der Sachverhalt zivilrechtlich zu beurteilen?
c) Welche Möglichkeiten haben Sie, hier einzugreifen?

8.2 Lösung zu Fall 1

8.2.1 Zu a)

Der Mann könnte sich nach § 242 StGB Diebstahl strafbar gemacht haben.

- Wegnahme einer
- fremden beweglichen Sache
- mit Zueignungsabsicht

© Springer Fachmedien Wiesbaden GmbH, ein Teil von Springer Nature 2022
R. Schwarz, *Sachkunde im Bewachungsgewerbe (IHK) – Übungsbuch* ,
https://doi.org/10.1007/978-3-658-38144-8_8

Die Uhr ist eine bewegliche Sache, die nicht im Alleineigentum des Mannes
steht. Durch das Einstecken ist alter Gewahrsam gebrochen und neuer begründet
worden und damit die Wegnahme vollendet.

Es ist davon auszugehen, dass er sich die Uhr dauerhaft zueignen will und
nicht nur z. B. vor dem Kauf ausprobieren möchte, dies wird auch dadurch
deutlich, dass er den Kassenbereich passiert hat, ohne den Kaufpreis zu zahlen.
Aufgrund der Beobachtung ist ein Versehen auszuschließen, der Mann handelte
mit Vorsatz.

Rechtfertigungs-, Entschuldigungs- oder Schuldausschließungsgründe sind
nicht erkennbar.

Fazit

Der Mann hat sich wegen vorsätzlichem Diebstahl nach § 242 StGB strafbar
gemacht.◄

8.2.2   Zu b)

Zivilrechtlich ist die Wegnahme der Uhr eine verbotene Eigenmacht in Form der
Besitzentziehung nach § 858 BGB. Dies begründet einen Herausgabeanspruch des
rechtmäßigen Eigentümers bzw. Besitzers und ggf. einen Schadenersatzanspruch.

8.2.3   Zu c)

Strafrechtlich besteht die Möglichkeit der vorläufigen Festnahme nach § 127
Abs. 1 StPO.

- Täter
- auf frischer Tat betroffen oder verfolgt und
- Identität nicht sofort feststellbar oder der Flucht verdächtig

Der Mann hat eine Straftat begangen (siehe zu a) und ist bei dieser auf frischer
Tat betroffen worden. Seine Identität ist Ihnen unbekannt, die Voraussetzungen
der vorläufigen Festnahme sind somit gegeben.

Zivilrechtlich besteht die Möglichkeit der Selbsthilfe nach § 859 BGB für den
Ladenbesitzer. Hier kann dem auf frischer Tat betroffenen Täter (siehe auch zu

a) der entzogene Besitz wieder abgenommen werden. Sie können dem Mann die Uhr, wenn erforderlich auch mit Gewalt, wieder abnehmen.

8.3 Fall 2

Sie sind in einem Einkaufszentrum als Sicherheitsmitarbeiter eingesetzt. Auf einem Streifengang beobachten sie drei männliche Personen, wie diese ihre Zigaretten auf den im Foyer stehenden Polsterbänken ausdrücken und drei große Brandlöcher verursachen.

a) Haben sich die Personen strafbar gemacht?
b) Wie ist der Sachverhalt zivilrechtlich zu beurteilen?
c) Welche Möglichkeiten haben Sie hier einzugreifen?

8.4 Lösung zu Fall 2

8.4.1 Zu a)

Die Personen könnten sich wegen Sachbeschädigung nach § 303 StGB strafbar gemacht haben.

* Beschädigung oder Zerstörung einer
* fremden Sache

Durch die Brandlöcher sind die Polsterbänke, Sachen, die nicht im Alleineigentum der Jugendlichen stehen, beschädigt worden. Ein Versehen ist nicht anzunehmen, die Täter handelten zumindest mit bedingtem Vorsatz.
Rechtfertigungs-, Entschuldigungs- oder Schuldausschließungsgründe sind nicht erkennbar.

Fazit

Die Personen haben sich wegen vorsätzlicher Sachbeschädigung nach § 303 StGB strafbar gemacht.◄

8.4.2   Zu b)

Es könnte ein Schadenersatzanspruch aus unerlaubter Handlung nach § 823 BGB
entstanden sein.

- Schaden aus
- Unerlaubter Handlung
- Kausalität

Durch die Brandlöcher ist ein Schaden mindestens in Höhe der Reparaturkosten
entstanden, der ursächlich auf das vorsätzliche Handeln der Personen zurückzu-
führen ist. Das verletzte Rechtsgut ist hier das Eigentum des Centerbetreibers.
Rechtfertigungs- oder Entschuldigungsgründe sind nicht erkennbar.

Fazit

Die Personen sind zum Ersatz des Schadens nach § 823 BGB verpflichtet.◄

8.4.3   Zu c)

Vorläufige Festnahme nach § 127 StPO.

- Täter
- auf frischer Tat betroffen oder verfolgt und
- Identität nicht sofort feststellbar oder der Flucht verdächtig

Die Personen sind bei einer Straftat (siehe zu a) auf frischer Tat betroffen und
so lange deren Identität nicht sofort festgestellt werden kann, sind die Voraussetzungen der vorläufigen Festnahme nach § 127 Abs. 1 StPO erfüllt. Sie können
die Personen bis zum Eintreffen der Polizei vorläufig festnehmen.
Festhalten nach § 229 BGB.

- Zivilrechtlicher Anspruch
- Obrigkeitliche Hilfe nicht rechtzeitig zu erlangen
- Durchsetzung des Anspruchs gefährdet, wenn nicht sofort eingegriffen wird

Der Schadenersatzanspruch nach § 823 BGB (siehe zu b) besteht und ist gerichtlich durchsetzbar und obrigkeitliche Hilfe nicht rechtzeitig zu erlangen. Da die
Identität der Personen unbekannt ist, ist die Durchsetzung des Anspruchs gefährdet, sollten die Personen unerkannt fliehen können. Auch zivilrechtlich besteht
somit die Möglichkeit des Festhaltens, hier nach § 229 BGB.

8.5   Fall 3

Auf seinem Streifengang beobachtet ein Sicherheitsmitarbeiter einen unbekannten, maskierten Mann, wie dieser Zeichen mit einer Spraydose an der
Außenmauer seines Objektes anbringt. Da er gleich Feierabend hat und pünkt-
lich nach Hause möchte, beschließt er, die Beobachtung für sich zu behalten und
weder einzuschreiten noch Meldung zu machen.
    Hat sich der Sicherheitsmitarbeiter strafbar gemacht?

8.6   Lösung zu Fall 3

Es kommt eine Strafbarkeit wegen Sachbeschädigung durch Unterlassen nach
§ 303 StGB in Verbindung mit § 13 StGB in Betracht.

• Beschädigung oder Zerstörung einer
• fremden Sache oder
• nicht unwesentliche, nicht nur vorübergehende Veränderung des Erscheinungsbildes

Graffitis verändern das Erscheinungsbild der Mauer erheblich. Da sie nur mit
großem Aufwand wieder zu entfernen sind, ist die Veränderung des Erscheinungsbildes nicht nur vorübergehender Natur (hier auch so vom Täter gewollt).
    Direkt ist der Sicherheitsmitarbeiter nicht an der Verwirklichung des Tatbe-
standes beteiligt, insoweit ist eine Strafbarkeit auszuschließen.
    Als Sicherheitsmitarbeiter hat er aber gerade die Aufgabe, Straftaten gegen das
Schutzobjekt zu verhindern, insoweit kommt eine Strafbarkeit nach § 13 StGB in
Betracht. Dazu hätte er dafür einstehen müssen, dass der Taterfolg der Sachbeschädigung nicht eintritt und hätte objektiv und subjektiv die Möglichkeit haben
müssen, dies zu verhindern. Beides ist in diesem Fall gegeben.
    Ein Eingreifen, das ihm subjektiv zumutbar und objektiv möglich gewesen
wäre, hätte den Täter an der weiteren Tatausführung gehindert. Zumindest hätte

der Mitarbeiter aber Unterstützung hinzurufen und dann mit Verstärkung eingreifen oder die Polizei hinzuziehen können. Beides tat er vorsätzlich nicht, um
seinen pünktlichen Feierabend nicht zu gefährden. Ein anderer Grund für das
untätig bleiben ist aus dem Sachverhalt nicht erkennbar.

Rechtfertigungs-, Entschuldigungs- oder Schuldausschließungsgründe sind
nicht erkennbar.

Fazit

Der Sicherheitsmitarbeiter hat sich wegen vorsätzlicher Sachbeschädigung
durch Unterlassen nach § 303 StGB in Verbindung mit § 13 StGB strafbar
gemacht.◄

8.7   Fall 4

Sie sind Sicherheitsmitarbeiter im Objektschutz eines Unternehmens. Auf dem
nächtlichen Streifengang sehen sie wie ein Mann über den Zaun des Geländes
klettert.

a) Wie hat sich der Mann strafbar gemacht?
b) Wie ist der Sachverhalt zivilrechtlich zu beurteilen?
c) Welche Möglichkeiten haben sie hier einzugreifen?

8.8   Lösung zu Fall 4

8.8.1   Zu a)

Der Mann könnte sich wegen Hausfriedensbruchs nach § 123 StGB strafbar
gemacht haben.

• Unbefugtes Eindringen in Fremde Örtlichkeit oder
• Unbefugtes Verweilen und trotz Aufforderung nicht verlassen

Der Mann dringt ohne Erlaubnis des Hausrechtsinhabers in das für ihn fremde
Besitztum ein. Das Unternehmensgelände, soweit es vollständig umfriedet ist, ist

eine geschützte Örtlichkeit des § 123 StGB. Ein versehentliches Übersteigen ist nicht anzunehmen, der Mann handelt mit Vorsatz. Rechtfertigungs-, Entschuldigungs- oder Schuldausschließungsgründe sind nicht erkennbar.

Fazit

Der Mann hat sich wegen vorsätzlichem Hausfriedensbruch nach § 123 StGB strafbar gemacht. ◄

8.8.2   Zu b)

Zivilrechtlich handelt es sich um eine verbotene Eigenmacht in Form der Besitzstörung nach § 858 BGB. Durch das unbefugte Betreten wird der Besitzer in der Ausübung des Hausrechts gestört.

8.8.3   Zu c)

Notwehr § 32 StGB.

• Gegenwärtiger, rechtswidriger Angriff
• Erforderliche Verteidigung

Der Hausfriedensbruch ist ein Angriff, der auch gegenwärtig ist, solange das Hausrecht verletzt ist. Die Rechtswidrigkeit des Angriffs ergibt sich dabei aus der fehlenden Einwilligung des Hausrechtsinhabers.

Hiergegen ist Notwehr nach § 32 StGB möglich, soweit die Abwehrhandlung erforderlich ist, um den Angriff zu beenden. Sie können den Mann daran hindern, den Zaun zu übersteigen bzw. ihn vom Unternehmensgelände entfernen.

Zusätzlich besteht die Möglichkeit der vorläufigen Festnahme nach § 127 Abs. 1 StPO.

• Täter
• auf frischer Tat betroffen oder verfolgt und
• Identität nicht sofort feststellbar oder der Flucht verdächtig

Der Mann hat eine Straftat begangen (siehe zu a) und ist bei dieser auf frischer Tat betroffen worden. Seine Identität ist Ihnen unbekannt, die Voraussetzungen der vorläufigen Festnahme sind somit gegeben.

8.9   Fall 5

Auf einem nächtlichen Spaziergang werden Sie von einem aggressiven, offenbar herrenlosen Hund angegriffen.
Was dürfen Sie in dieser Situation tun?

8.10   Lösung zu Fall 5

Infrage kommt der defensive Notstand § 228 BGB.

- Drohende Gefahr für ein Rechtsgut
- Beschädigung der Zerstörung einer Sache zur Abwehr der Gefahr
- Interessenabwägung

Die Attacke des Hundes stellt eine drohende Gefahr für Ihre körperliche Unversehrtheit dar und begründet damit eine Notstandslage nach § 228 BGB.
Zur Abwehr der Gefahr dürfen Sie die Sache, von der die Gefahr ausgeht, beschädigen oder zerstören, soweit dies erforderlich ist, um die Gefahr zu beseitigen, und der entstehende Schaden nicht größer ist als der Schaden, der durch die Gefahr droht. (Die Rechtsvorschriften für Sachen sind hier insoweit auf den Hund anzuwenden.) Leib und Leben eines Hundes sind geringer zu bewerten als Leib und Leben eines Menschen. Sie dürfen damit den Hund verletzten oder töten, soweit dies zur Abwehr der Gefahr erforderlich ist.

▶   **Hinweis** Greifen Sie zur Abwehr der Gefahr in anderes fremdes Eigentum ein, ist zusätzlich § 904 BGB als Rechtfertigungsgrund zu prüfen.

8.11 Fall 6

Ein Sicherheitsmitarbeiter im ÖPNV wird unvermittelt von einem ihm unbekannten, offensichtlich angetrunkenen Fahrgast in der U-Bahn mit einem Messer angegriffen. Der Sicherheitsmitarbeiter bringt den Mann zu Boden und nimmt ihm das Messer weg, um einen weiteren Angriff zu verhindern.

Als die Situation wenig später unter Kontrolle ist, stellt sich zudem heraus, dass der Fahrgast keinen gültigen Fahrausweis vorlegen und sich nicht ausweisen kann.

Wie ist die Situation strafrechtlich zu beurteilen?

8.12 Lösung zu Fall 6

Der Mann könnte sich wegen Körperverletzung nach § 223 StGB und wegen Erschleichen von Leistungen nach § 265a StGB strafbar gemacht haben.

Körperverletzung nach § 223 StGB:

• Körperliche Misshandlung oder
• Gesundheitsschädigung

Der Angriff mit dem Messer zielt auf eine körperliche Misshandlung oder sogar eine Gesundheitsschädigung des Sicherheitsmitarbeiters. Da der Tatterfolg nicht eintritt, aber vom Täter gewollt war, mindestens aber billigend in Kauf genommen wurde (Vorsatz), bleibt es beim Versuch.

Rechtfertigungs-, Entschuldigungs- oder Schuldausschließungsgründe sind nicht erkennbar/der Mann ist angetrunken, aber nicht im Vollrausch.

Fazit

Erschleichen von Leistungen nach § 265a StGB:

• Inanspruchnahme einer Leistung
• U. a. des Öffentlichen Verkehrs
• Ohne Entgelt zu entrichten

Der Mann hat die Leistungen des ÖPNV in Anspruch genommen, ohne das hierfür geforderte Entgelt (Nachweis ist der Fahrausweis) zu entrichten, er hatte auch nicht die Absicht, dies zu tun. Vorsatz ist hier zu unterstellen.

Rechtfertigungs-, Entschuldigungs- oder Schuldausschließungsgründe sind auch hierfür nicht erkennbar.◄

Fazit

Notwehr § 32 StGB:

* Gegenwärtiger, rechtswidriger Angriff
* Erforderliche Verteidigung

Die versuchte vorsätzliche Körperverletzung stellt einen gegenwärtigen Angriff dar, so lange der Versuch andauert (Angriff steht unmittelbar bevor). Der Sicherheitsmitarbeiter muss den Angriff nicht dulden, insoweit ist er auch rechtswidrig. Die Voraussetzungen einer Notwehrsituation nach § 32 StGB sind gegeben.

Hiergegen ist die Verteidigung erlaubt, die erforderlich ist, um den Angriff zu beenden. Das Auf-den-Boden-Bringen des Mannes und die Wegnahme des Messers stellen das mildeste Mittel dar, den Angriff zu beenden, und sind durch Notwehr gerechtfertigt.◄

Fazit

Der Mann hat sich wegen versuchter vorsätzlicher Körperverletzung nach § 223 StGB strafbar gemacht.◄

Fazit

Der Mann hat sich wegen vorsätzlichen Erschleichens von Leistungen nach § 265a StGB strafbar gemacht.◄

8.13   Fall 7

Ein Sicherheitsmitarbeiter, dem gekündigt wurde, behält seine Dienstkleidung trotz Aufforderung, diese zurückzugeben und nutzt sie fortan privat.

a) Wie hat sich der Mitarbeiter strafbar gemacht?
b) Wie ist der Sachverhalt zivilrechtlich zu beurteilen?

8.14 Lösung zu Fall 7

8.14.1 Zu a)

Der Mitarbeiter könnte sich wegen Unterschlagung nach § 246 StGB strafbar gemacht haben.

- Zueignung einer
- Fremden beweglichen Sache
- Aus dem Gewahrsam des Täters

Die Dienstkleidung befindet sich im Gewahrsam des Sicherheitsmitarbeiters (zivilrechtlich Besitzdiener, siehe b), ist aber Eigentum des Arbeitgebers. Die Aufforderung zur Rückgabe bei Beendigung des Arbeitsverhältnisses war rechtmäßig. Indem der Mitarbeiter der Aufforderung nicht nachgekommen ist, erlangte er einen Vermögensvorteil in Höhe des Wertes der Kleidung. Der Vorteil durch die Zueignung ist dauerhaft gewollt und Vorsatz ist zu unterstellen.

Rechtfertigungs-, Entschuldigungs- oder Schuldausschließungsgründe sind nicht erkennbar.

Fazit

Der Sicherheitsmitarbeiter hat sich wegen vorsätzlicher Unterschlagung nach § 246 StGB strafbar gemacht.◄

8.14.2 Zu b)

Zivilrechtlich ist der Sicherheitsmitarbeiter Besitzdiener der Dienstkleidung, da sie ihm zweckgebunden im Rahmen des Arbeitsverhältnisses zur Verfügung gestellt wurde. Besitzer und Eigentümer ist der Arbeitgeber. Es handelt sich somit um eine verbotene Eigenmacht in Form der Besitzentziehung nach § 858 BGB.

8.15   Fall 8

Ein Sicherheitsmitarbeiter im Revierdienst fährt nachts an einem gerade verun-
fallten Fahrradfahrer vorüber, der offensichtlich verletzt am Boden liegt. Da er
jedoch gleich Feierabend hat, beschließt er, nicht anzuhalten.
Hat sich der Sicherheitsmitarbeiter strafbar gemacht?

8.16   Lösung zu Fall 8

Der Mitarbeiter könnte sich wegen unterlassener Hilfeleistung nach § 323c StGB
strafbar gemacht haben.

- Bei Unglücksfall, gemeiner Gefahr oder Not
- Nicht Hilfe leisten obwohl dies
- Erforderlich, möglich und zumutbar ist

Ein Verkehrsunfall ist ein Ereignis gem. § 323c StGB, bei dem Hilfe geleistet
werden muss, wenn dies erforderlich ist. Das Unfallopfer liegt am Boden, ist verletzt und bedarf offensichtlich der Hilfe. Es gibt keine Anhaltspunkte dafür, das
dem Sicherheitsmitarbeiter die Hilfeleistung nicht möglich oder zumutbar wäre
(der Tourenplan stellt hier keine wesentliche Pflicht dar, die eine Hilfeleistung
unzumutbar macht).
Rechtfertigungs-, Entschuldigungs- oder Schuldausschließungsgründe sind
nicht erkennbar.

Fazit

Der Sicherheitsmitarbeiter hat sich wegen unterlassener Hilfeleistung nach
§ 323c StGB strafbar gemacht.◄

8.17   Fall 9

Auf einem Bahnsteig beobachten Sie einen offensichtlich verwirrten Mann, der
sehr nah an den Gleisen balanciert. Als Sie näher kommen hören Sie, wie der

Mann zu sich sagt: „Das war es, ich mache jetzt Schluss". Als Sie den einfahren-
den Zug hören, greifen Sie zu und halten den Mann fest, der sich heftig dagegen
wehrt.

Welche Rechtfertigung können Sie für Ihr Handeln in Anspruch nehmen?

8.18 Lösung zu Fall 9

Hier kommt der Rechtfertigende Notstand § 34 StGB in Betracht.

* Gegenwärtige Gefahr für ein Rechtsgut
* Tat ist erforderlich zur Abwehr der Gefahr
* Interessenabwägung

Ein möglicher Sprung des Manns auf die Gleise stellt eine Gefahr für seine körperliche Unversehrtheit dar. Zusätzlich besteht die Gefahr, dass Fahrgäste verletzt
werden und Eigentum der Verkehrsbetriebe beschädigt wird. Die Worte des Mannes und dessen Position am Bahnsteigrand lassen den Schluss zu, dass ein Sprung
unmittelbar bevorsteht und die Gefahr damit gegenwärtig ist.

Das Festhalten ist hier objektiv geeignet, den Mann vom Sprung abzuhalten
und die Gefahr damit zu beseitigen. Auch ist der vorübergehende Freiheitsentzug
des Mannes geringer zu bewerten als seine körperliche Unversehrtheit und die
der Fahrgäste, die durch den Sprung verletzt werden können.

Fazit

Das Festhalten ist nach § 34 StGB gerechtfertigt. Sie haben sich nicht wegen
Freiheitsberaubung nach § 239 StGB strafbar gemacht.◄

8.19 Fall 10

Da er die Fortbildungsprüfung zur Schutz- und Sicherheitskraft nicht bestanden
hat, aber trotzdem mehr verdienen möchte, beschließt ein Sicherheitsmitarbeiter,
sich eine entsprechende Urkunde aus dem Internet auszudrucken, um sich damit
bei einem neuen Unternehmen zu bewerben. Nach dem Vorstellungsgespräch,
bei dem er auch nach der Prüfung gefragt wird, wird er aufgrund der vorgelegten
Qualifikation als Objektleiter eingestellt.

a) Wie hat sich der Sicherheitsmitarbeiter strafbar gemacht?
b) Wie ist der Sachverhalt zivilrechtlich zu beurteilen?

8.20   Lösung zu Fall 10

8.20.1 zu a)

Der Sicherheitsmitarbeiter könnte sich wegen Urkundenfälschung nach § 267
StGB und wegen Betruges nach § 263 StGB strafbar gemacht haben.
Urkundenfälschung § 267 StGB:

*   Herstellung einer unechten Urkunde oder
*   Inhaltliche Veränderung einer echten Urkunde und/oder
*   Gebrauch zur Täuschung

Die Urkunde über die bestandene Abschlussprüfung ist eine Urkunde im Sinne
des Gesetzes, sie dient im Rechtsverkehr dem Beweis bestimmter Tatsachen
(hier einer bestimmten Qualifikation) und lässt den Aussteller erkennen (aus-
gestellt von der IHK). Der Sicherheitsmitarbeiter hat die falsche Urkunde bei der
Bewerbung verwendet, trotz besseren Wissens. Er handelte vorsätzlich.

Fazit

Der Sicherheitsmitarbeiter hat sich wegen vorsätzlicher Urkundenfälschung
nach § 267 StGB strafbar gemacht.
Betrug § 263 StGB:

*   Vermögensschädigung eines Dritten und
*   Bereicherungsabsicht durch
*   Irrtumserregung

Der Sicherheitsmitarbeiter hat durch die Verwendung der falschen Urkunde bei
seinem zukünftigen Arbeitgeber den Anschein erregt, er habe eine bestimmte
Qualifikation erreicht, und räumt diesen Irrtum auch während des Vorstel-
lungsgespräches nicht aus. Aufgrund der Täuschung wird er eingestellt, auf
der höherwertigen Position eingesetzt und entsprechend bezahlt. Die Ver-
gütung steht ihm jedoch in dieser Höhe nicht zu. Durch diesen Vorgang

ist das Vermögen des Arbeitgebers geschädigt worden und der Sicherheitsmitarbeiter hat sich in gleicher Höhe bereichert (Differenz zwischen dem Lohn eines Sicherheitsmitarbeiters und dem eines Objektleiters). Er handelte vorsätzlich.◄

Fazit

Der Sicherheitsmitarbeiter hat sich wegen vorsätzlichen Betruges nach § 263 StGB strafbar gemacht.◄

8.20.2 Zu b)

Der Sicherheitsmitarbeiter könnte nach § 823 BGB zum Schadenersatz verpflichtet sein.

- Schaden aus
- Unerlaubter Handlung
- Kausalität

Dem Arbeitgeber ist durch das vorsätzliche Handeln des Sicherheitsmitarbeiters ein Schaden in Höhe der Gehaltsdifferenz (siehe zu b) entstanden. Das verletzte Rechtsgut ist hier das Eigentum des Arbeitgebers.
Rechtfertigungs- oder Entschuldigungsgründe sind nicht erkennbar.

Fazit

Der Sicherheitsmitarbeiter ist nach § 823 BGB zum Ersatz des entstandenen Schadens verpflichtet.◄

Literatur

Bücher

1. Christie A (2013) Das Sterben in Wychwood. Berlin
2. Erhard E (2013) Strafrecht für Polizeibeamte. Stuttgart

3. Gundel S, Mülli L (2009) Unternehmenssicherheit. München
4. Hücker F (1997) Rhetorische Deeskalation. München
5. Merschbacher A (2006) Brandschutz. Köln
6. Nerdinger F, Blickle G, Schaper N (2008) Arbeits- und Organisationspsychologie. Heidelberg
7. Olfert K (2012) Personalwirtschaft. Herne
8. Schwab D, Löhning M (2007) Einführung in das Zivilrecht. Heidelberg
9. Steckler B, Bachert P, Strauß R (2010) Arbeitsrecht und Sozialversicherung. Herne
10. Wenk E (1999) Objektschutzplanung für Führungskräfte im Sicherheitsbereich. München

Internet

1. IHK Berlin
2. DIHK
3. GESETZE-IM-INTERNET.DE
4. VBG.DE

Stichwortverzeichnis

© Springer Fachmedien Wiesbaden GmbH, ein Teil von Springer Nature 2022
R. Schwarz, *Sachkunde im Bewachungsgewerbe (IHK) – Übungsbuch* ,
https://doi.org/10.1007/978-3-658-38144-8

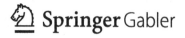

LEHRBUCH

Robert Schwarz

Geprüfte Schutz- und Sicherheitskraft (IHK)

Lehrbuch für Prüfung und Praxis

6. Auflage

Springer Gabler

Printed in the United States
by Baker & Taylor Publisher Services